民話の森叢書5

増補 民話の森の歩きかた

シャルル・ペローと歩く民話の森

樋口淳 著

民話の森

目次

はじめに

1 ⚜ 民話とはなにか

民話は、英語ではフォークテイル（民衆の話）、ドイツ語ではフォルクスメルヘン（民衆のメルヘン）、フランス語ではコント・ポピュレール（民衆のコント）といわれるように、ごく普通の人々のあいだに語り継がれた話であり、おそらく人類の発生とともにはじまるきわめて古い歴史をもっている。これは、緑の木々が世界中のいたるところに根をおろし、枝をはり、時には人を寄せつけぬほど深い森となるのとよく似ている。[*1]

しかし、私たちがこの民話の森に分け入り「民話とはなにか」を考えはじめたのは、それほど古いことではなく、十九世紀初頭ドイツのグリム兄弟とともにはじまるといってよいと思う。隣国フランスの革命とその余波につよい衝撃を受けたヤーコプとヴィルヘルムの二人は、民話を失われたゲルマン民族の神話の断片と考えて、砕け散った宝石のかけらを拾い集めるように一つひとつ大切に話を記録していった。

こうしてできあがった『グリム童話集』は、一八一二年の初版から一八五七年の第七版に至るまでの四十五年ほどのあいだに次第に豊かになってゆくが、同時に二人の民話に対する理解も広く深くなってゆく。故郷のカッセルで集めはじめたごく身近な話が、じつはドイツやゲルマン民族の枠を越えインド・ヨーロッパ世界全体に広がることを理解しはじめたのである。

1855年にエリザベート・バウマンによって描かれた、ヴィルヘルム（左）とヤーコプ（右）の肖像

グリム兄弟のこのような考えは、インド学の研究者であるマックス・ミューラーやテオドール・ベンファイに受け継がれる。ドイツ生まれのミューラーは、若くしてイギリスに渡り、一八五六年に『比較神話学試論』（*Comparative Mythology: An Essay*）を著す。彼はこの大著のなかで、民話をアーリア民族の太陽や空や闇や嵐を中心とした神話体系に結びつけて解釈し、当時の人々に自然神話学派として幅広い支持を得た。[*2]

一方ベンファイは、ミューラーよりもすこし年上だったが、一八五九年にインドの説話集『パンチャタントラ』のドイツ語訳を出版する。ベンファイは、その序文のなかで当時ヨーロッパで知られた民話の大部分の話が、書物を通じてインドから伝えられたものだと主張した。この立場はインド起源説と呼ばれ、やはり広い支持を得た。

この二人の考えは、あまりにヨーロッパ中心であり、しかも文献に偏り過ぎていたから、今日ではこれをそのまま信じる人はもういない。しかし最初に激しくしかも徹底的にこれを批判したのは、イギリスのアンドルー・ラングである。ラングは『世界童話集』（*The Fairy Tales Book Series*）などによって日本でもよく知られる人類学者であり、作家である。彼は、ミューラーと同じく神話の研究から出発したが、文献のみにとらわれず広く未開社会の口伝えの話に目をむけた。そして、インド・ヨーロッパだけではなく、アジア、アフリカ、アメリカを含めた世界中のありとあらゆる民族の話に共通の構成要素（モチーフ）が存在することに気がついた。このことから彼は「世界中の人間は、その文明の程度にかかわらず、かつては必ず未開社会を経験している。民話や神話のモチーフは、その未開時代の人類の思考の記憶であるから普遍的なのだ」と結論した。このラングの立場をそのまま支持する人も、今ではもういない。しかし民話研究の視野を世界に広げたラングの功績は、忘れることはできない。

十九世紀の後半はまた、ロシアのアファナーシエフ、フランスのセビオー、コスカン、イタリアのピトレー、ノルウェーのアスビョルセンとモーなどが活躍し、各国にすぐれた民話集の生まれた時代でもある。

2 ⚜ 二十世紀以降の民話研究

十九世紀の民話研究が、初期の神話学や人類学に結びついて民話そのものの発生や起源を問うという壮大なスケールのものであったのに対して、二十世紀に入ると研究はよりきめの細かいものになってゆく。そこにはさまざまの考え方があるが、現在よく知られている研究の流れを整理してみると、国際比較、構造論、精神分析、文芸学という四つがあるといってよい。そこで、つぎにこの四つのアプローチを簡単に紹介してみよう。

話型の国際比較研究

十九世紀の後半に世界各国のすぐれた民話集が出そろい、「しっぽの釣り」や「シンデレラ」のようなよく似た話が世界中で広く語られていることが分かってくると、「民話が、どこでいつ生まれたか」という発生についての関心は相変わらずだが、対象が個々の話に移り、それぞれの話に関する国際的な比較がはじまった。そのなかでまず忘れられないのが、フィンランドのアンチ・アアルネの仕事である。

世界中の民話を比較し研究するためには、あるタイプの話をほかの話から区別する「分類」がしっかりしていなければいけない。そこでアアルネは、話の構成要素であるモチーフとその配列がよく似た類話を集めて「話型」というグループを作り、さらにその話型を整理して分類カタログを作成した。これが有名な『民話の型目録』である（A. Aarne, 1910）。アアルネのこの仕事は、のちにアメリカのスティス・トンプソンによって補われ、話型には、二人の頭文字であるATのナンバーが打たれることになった。現在ATのカタログには、全部で二千五百の話型が用意され、それがさらに動物民話（1番から300番）、本格民話（301番から1199番）、笑話（1200番から1999番）、形式譚（2000番から2399番）、分類できない話（2400番から2500番）の五つに下位分類されているが、もちろんこれでは足りない。そこで各国の研究者は、アアルネとトンプソンの考えを尊重しながら、それぞれ自分の国のカタログを作ることになる。なかでも日本の関敬吾、フランスのポール・ドラリュ、ロシアのニコライ・アンドレーエフ、朝鮮の崔仁鶴《チェインハク》などの仕事はすぐれたものである。

スティス・トンプソンは、話型のカタログのほかに六巻からなる大部の『民間文芸モチーフ索引』（*Motif Index of folk-literature*）を完成し、さらに『民間説話』（*The Folktale*）という分かりやすい民話研究の手引きを書いている。また国際的な話型研究の代表としては、たとえばマリアン・コックスやアンナ＝ビルギッタ・ルースの「シンデレラ」研究があるが、それに関しては第Ⅱ章の「世界の民話『シンデレラ』」の項で紹介する。

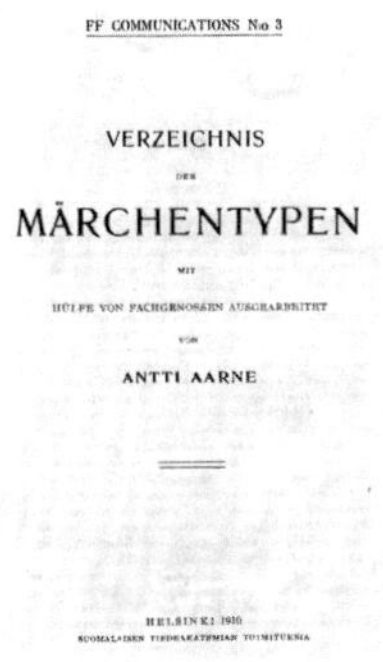
FF COMMUNICATIONS No 3

VERZEICHNIS

DER

MÄRCHENTYPEN

MIT

HÜLFE VON FACHGENOSSEN AUSGEARBEITET

VON

ANTTI AARNE

HELSINKI 1910

SUOMALAISEN TIEDEAKATEMIAN TOIMITUKSIA

FFC3号に掲載された『民話の型目録』の扉

民話の構造研究

民話の構造研究は、一九二八年に当時ソヴィエトであったロシアの民話研究者ウラジミール・プロップの著した『民話の形態学』にはじまるといってよい。プロップは、この本のなかでまず「機能」という概念を提起した。彼が「機能」と呼ぶのは、登場人物の行為のことで、これが話の基本的な構成要素となる。そして、「機能は話の筋の展開の上でその行為の果たす意味によって決定される」と主張する。

たとえばここに「王女が、イワンに指輪を与える。指輪からあらわれた若者たちが、イワンを別の王国に連れていく」というエピソードと、「老人が、スチェンコに馬を与える。馬は、スチェンコを別の王国に連れて行く」という二つのエピソードがあったとしよう。そこには話によって「変化するもの」と、「変化しないもの」という、二つの要素があらわれる。

主人公の「イワン」「スチェンコ」という名前や、主人公に指輪や馬という魔法の品を与える「王女」「老人」という属性は変化するが、彼らの「援助者が、主人公に魔法の品を与え、魔法の品が主人公を別な世界に連れて行く」という行為の意味は変わらない。

この不変の構成要素（登場人物の行為）が機能と呼ばれるものである。そしてこの機能の数はきわめて限られているので、民話のなかでもっとも複雑な構造をもつと考えられる魔法民話にもわずか三十一の機能しかあらわれない。そのうえこの機能は原則として同一の順序で展開されるので、魔法民話はじつはたった一つの構造からできているということになる。

　プロップのこうした大胆な試みは、長いあいだ世界の民話研究者にあまり知られることはなかった。しかし一九五八年にアメリカで英語訳が出版されると大きな反響を呼び、たちまち民話学の枠を越えて人類学や文学の研究に多大な影響を与えることになった。そしてヨーロッパ中心の魔法民話の分析だけにとどまらず、アメリカのアラン・ダンダスやフランスのドゥニーズ・ポールムのように、プロップの方法に改良をくわえ、アメリカ・インディアンやブラック・アフリカの民話の構造を記述する研究者もあらわれた。彼らは、この方法を用いることによってそれまでまったく「形式を欠く、野蛮な話」とされていた未開社会の民話にもしっかりとした構造があることを示したのである。

　しかしプロップは、その生涯を民話の構造研究にのみ捧げたわけではない。彼は、このほかにも『魔法昔話の起源』や『ロシア昔話』といったすぐれた著作を残した。これらの仕事のなかで、彼は民話を具体的な語りの場に送り返し、民話と歴史や民族の関わりを考えている。プロップのメリットは、このように歴史と構造を同時に追求したところにあるのだが、世界的に見てもまだこの点は十分に理解されているとはいえない。これは、民話の構造研究の今後の課題の一つである。

　そしてさらに民話の構造を考えるうえで忘れてはいけないのは、人類学者のクロード・レヴィ＝ストロースの仕事である。彼の神話分析の方法は、民話研究にも大きな影響を与えた。ことに彼の専門とする未開社会の神話は、民話と境を接していて区別することは困難な領域である。その意味でも彼の方法の批判的継承者である日本の山口昌男の仕事（たとえば『アフリカの神話的世界』）は、きわめて刺激的である。またダンダスのすぐれた紹介者である池上嘉彦も『ことばの詩学』で、民話がなぞなぞやわらべ唄と同じ構造の枠組みで捉えられることを見事に証明している。

プロップの構造研究の実際に関しては、第Ⅲ章「ペローとグリムの『赤ずきん』」で紹介する。そして第Ⅵ章「『長靴をはいた猫』の政治学」では、こうした構造研究のひとつの発展形態を示すことにする。

民話の精神分析

民話の国際比較や構造論は、主として「民話がいつ、どこで生まれ、どんな仕掛けや形式をもっているのか」に答えるものだが、「民話はどんな意味をもっているのか。人々はなぜ民話を語ったり、聞いたりするのか」を考えるうえで、精神分析学的な研究は大いに役に立つ。

よく知られているとおり、精神分析学にはフロイト派とユング派の二つの大きな流れがある。彼らはともに人間の意識の領域に働きかける無意識の力を重視するが、フロイト派の人々が無意識をあくまで個人の領域にとどめようとするのに対して、ユング派の人々はそれを人類に通底するものと考える。

民話に関するフロイト派の仕事は、フロイト自身の「症例狼男」や「小箱選びの三つのモチーフ」やオットー・ランクの「英雄誕生の神話」といったごく一部しか日本には紹介されていないが、ほかにもフランツ・リクリンやゲザ・ローハイムの重要な研究がある。

フロイト派に比べてユング派の仕事は、日本では大変よく知られている。これは、河合隼雄を中心とした日本のユング研究者のおかげである。ことに河合隼雄は、ユングやその後継者であるM－L・フォン・フランツやE・ノイマンの考えを紹介するだけではなく、みずからも『昔話の深層』や『昔話と日本人の心』のようなすぐれた民話研究を著した。

ユング派が民話研究の領域で広く受け入れられたもう一つの理由は、彼らが民話そのものを深く研究したことにもある。従来、民話研究者が精神分析学に対して抱いていたもっとも大きな不満は、「彼らは、民話のことをなにも知らずに勝手なことをいう」というものだった。たしかに「赤ずきん」にペローとグリムの二つの類話があることすら知らずに、赤ずきんの「赤」の意味とか、狼の「呑みこみ」の意味についてばかり語るのは困る。ユング派の人々はフロイト派に比べて、話そのものをよく理解し、話を自分たちの理論の犠牲にすることが少なかったといえる。

しかし、それまでの民話研究を十分にふまえ、民話とはなにかをよく理解していたという意味で、もっとも注目に値するのはブルーノ・ベッテルハイムの仕事ではないだろうか。

ベッテルハイムは、理論的にはフロイトやメラニー・クラインの影響下にあるが、なによりもまず自閉症の専門家であり、子どもの精神分析に強い関心を抱いている。彼の『昔話の魔力』は「子どもがなぜ民話を聞きたがるのか」「なぜ母親が、一番よい語り手なのか」といった基本的な疑問から出発して、話を一つひとつ丁寧に検討してゆく。もちろん民話は、本来、子どものためだけのものではない。また語り手にも、母親だけではなくいろいろなタイプの人たちがいる。しかし現在の核家族化した家庭環境のなかで民話を考えるときには、こうした視点は欠くことができない。

民話の精神分析、とくにブルーノ・ベッテルハイムの仕事に関しては、第Ⅳ章の「もうひとつの民話の精神分析」の項で紹介する。第Ⅴ章「『青ひげ』とジル・ド・レ」では、青ひげの残酷な妻殺しを、エディプス的な悪夢として読み解く立場にも触れることとする。

民話の文芸学的な研究

口伝えの文芸としての民話は、ほかには見られない独自の様式を備えている。たとえば話の語りはじめと終わりの文句がきちんと決められていたり、三人兄弟譚のように、同じ場面が三度正確に繰り返されたりするような形式的な約束は世界中に見られる。また話の展開の上でも、殺された主人公が生き返ったり、切られた首がつながったり、非現実的なふしぎが容認されていることも一般である。こうした民話のもつ文芸としての特徴の研究は、二十世紀の初頭からデンマークのA・オルリク、オランダのA・ヨレス、ドイツのF・フォン・デア・ライエンらによって進められてきた。なかでもライエンの『メルヘン（昔話）』は、山室静によって日本にも紹介され、格好の入門書となっている。

しかし現在この領域で、もっとも示唆に富む刺激的な成果をあげたのはスイスのマックス・リュティであろう。彼は、一次元性、平面性、孤立性といった独自の言葉で、民話の様式を見事に表現した。リュティの業績は小沢俊夫、野村滋などによって精力的に紹介されてきた。ことに小沢俊夫は、『世界の民話』や『昔話とはなにか』に見られるように、リュティの理論を基礎として日本民話の独自性の解明に努めている。

民話の文芸学的な研究、とくにマックス・リュティの仕事の一端は、第Ⅶ章の「つごうのよすぎる『眠れる森の美女』」の項で、紹介しよう。

最後に第Ⅷ章では、マルク・ソリアノのシャルル・ペロー研究を紹介する。ソリアノは、ペローの民話集をそれまでの文学史研究というせまい枠組から解放し、民俗学、歴史学、精神分析学などの広い視野で検討することを可能にした。

以上のように、本書はこれまで展開されてきた、いくつかの民話の研究をふまえて「民話とはなにか」を考えることを目的としている。そこに登場するのは「シンデレラ」「赤ずきん」「ヘンゼルとグレーテル」「青ひげ」「長靴をはいた猫」「眠れる森の美女」というよく知られたお話である。そして、「ヘンゼルとグレーテル」をのぞけば、これらの話のすべてを現在もよく知られるかたちで私たちに残してくれたのは、シャルル・ペローである。彼はルイ十四世に仕えたヴェルサイユの宮廷人だが、彼ほどないがしろにされ続けた作家はいないだろう。

そこでまずペローの生きた時代と語りの状況について考えることからはじめよう。

註

＊1　日本民俗学では、Folktale、Volksmärchen、Conte Populaire等に相当する学術用語として、「昔話」という用語が用いられることが多い。しかしながら、「民衆のあいだに語り継がれた話」の国際比較を主題とする本書では、「昔話」という日本の固有性を重視した用語よりも、国際性に配慮した「民話」という用語を使用する。
またペローの『民話集』も原タイトルは「*Histoires ou Contes du temps passé*」であって、「過ぎ去った時代の物語（Histoires）またはお話（Contes）」という意味なので、『昔話集』と翻訳するのがふさわしいが、本書では『民話集』とする。

＊2　自然神話学の人たちの考えの一例として、ここではフランスのアンドレ・ルフェーブルが行った「赤ずきん」の解釈を示しておこう。ルフェーブルによれば「赤い頭巾は朝やけの赤であり、赤頭巾そのものは朝やけである。彼女が運ぶ菓子とバター壺とは、おそらくは供物のパンと、供物として供えられたバターをさすものである。祖母は古い朝やけを人格化したものである。それぞれ新しいものは、これにつづくものである。狼は焼きつくす太陽かまたは雲と夜である」。

アアルネは『昔話の比較研究』の最初にかかげた「昔話の起源」という章で、ルフェーブルのこの解釈を引用し、「こういう空想の遊戯の度が過ぎて、科学的な真剣さはまったく消えてなくなりだした」と批判している。（A・アアルネ、一九六九、八頁）

第I章

シャルル・ペローとヴェルサイユの民話

1 『ペロー民話集』の登場

ルネッサンスの文化は南から北へやってきた。パリは美しい町だが、ヴェネチアやフィレンツェにくらべると、いま一つ垢抜けない。なにか洗練の色合いがたりないのである。民話の世界でもおそらく同じことがいえる。

フランスが自分たちの言葉によるはじめての民話集をもつのは、イタリアよりも一歩も二歩もおくれた一六九七年、ペローの『過ぎし昔の物語ならびに教訓』(*Histoire ou Contes du temps passé. Avec des Moralités*)が最初である。この本のなかには、「眠れる森の美女」「赤ずきん」「青ひげ」「長靴をはいた猫」「妖精たち」「サンドリオン(シンデレラ)」「まき毛のリケ」「親指小僧」というよく知られた八つの話が収められている。私たちはこれに、ペローがこれより先に韻文で発表した三つの話「グリゼリディス」「愚かな願い」「ロバの皮」を加えて、簡単に『ペロー民話集』とよぶことにしたいと思う。

しかし、このおくれて生まれた民話集は、本当の意味での成功を収め、三百年の歳月のあいだに人類共通の遺産となりつつある。いったい絵本の世界に心をひらいた経験をもつ人たちのなかに、「赤ずきん」や「シンデレラ」を知らない人がいるだろうか。美女の眠る深い森や、青ひげの城の秘密の小部屋や、親指小僧の七里靴はいつも子どもたちの心をとりこにしてきた。長靴をはいた猫や泉の妖精たちは、夢の世界の扉を開いてくれた。これらの話はもちろんペローの創作ではなく、民衆たちの語りから生まれたものなのだが、無数にあるはずの語りのなかから、どうしてこんなに楽しい話ばかりを選び出すことができたのだろうか。いったい彼は、どんな機会に誰から話を聞いたのだろうか。

こうした謎には、もちろんもうはっきりとした答えをだすことはできないが、いくつか手がかりもないわけではない。

その手がかりの一つは、たとえば彼の生きた時代である。そこには、ちょっと乱暴に図式化してみると互いに交わりにくい三つの文化の層が存在した。それは、ヴェルサイユの宮廷文化と上昇志向のつよいブルジョワジーの文化、それに民衆の文化である。ペローは、この三つの文化のそれぞれに独自のかかわりをもつことによって、すぐれた民話集を生みだしたのではあるまいか。

2 ✥ 宮廷文化と妖精物語の流行

ペローの活躍した十七世紀の後半は、ルイ十四世の絶対王政とヴェルサイユ文化の爛熟期である。この時代の文化の一つの中心は、たしかに宮廷とサロンにあった。ペロー自身も財務総監コルベールの片腕であり、アカデミー・フランセーズの会員であったから、ヴェルサイユ宮の建設をはじめ、時代の文化の中枢にかかわり、当代の文人たちと縦横に交わった。

しかしなんといってもこの文化は、基本的には宮廷貴族を中心とした消費の文化である。ルイ十四世によって戦略的にヴェルサイユに囲いこまれてしまった彼らの経済は、まったくの借金ずくめで、うわべの礼儀作法にしばられてなにひとつ創造性を発揮できない。しかし、芝居や見世物好きのルイ十四世につきあって、ラシーヌやモリエールの古典主義演劇や当時イタリアからやってきたバレエやオペラを楽しんだ観客の中心はこの階層なのである。そしてアカデミーの会員であり、宮廷人としてのペローは、こうした人々と積極的に行き来し、彼らの出入りするサロンをリードした。『ペロー民話集』の最初の三つの作品が韻文で書かれているのは、明らかにこうしたサロンで朗読されることを目的としているのである。

当時のサロンは、いわば文学とはまったく無縁の上すべりな言葉にあふれた社交場であったのだが、時代の精神や芸術の新しい動きに敏感で、つねに流行の最先端をゆくことだけは忘れなかった。そして十七世紀も終わりに近いこの時期に、突如として妖精物語を大流行させてしまったのもこのサロンの功罪である。この流行は、オーノワ夫人とかレリチエ嬢とかベルナール嬢とか主として女性たちによって支えられ、受け継がれていったのだが、ペローもまた女性の読者、

1672年にフィリップ・ラルマンによって描かれた40代半ばのペロー

ことにヴェルサイユの女たちのために書いている。そのことが一番はっきりあらわれてくるのは、それぞれの話の最後につけられた教訓である。たとえば、森のなかで道草をくい、狼に食べられてしまった「赤ずきん」の場合には、こんな風に書かれている。


これでおわかりだろう。おさない子どもたち、とりわけ若い娘たち、美しく姿よく心優しい娘たちが、誰にでも耳をかすのはとんだ間違い。そのあげく狼に食べられたとしてもすこしも不思議はない。

一口に狼といっても、すべての狼が同じではない。抜け目なくとり入って、もの静かでとげとげしくなく怒ったりせず、うちとけて愛想よくもの柔らかで、若いお嬢さま方の後をつけて、家のなかまで、ベッドの脇まで入りこむ。ああ、これこそ一大事。知らない者があろうか、こういう優しげな狼たちこそ、どの狼よりも最も危ないということを。（ペロー、一九八二、一七九―一八〇頁）

この教訓には、まったく誤解の余地はない。狼は、明らかに二重の意味をもっていて、食べることにも二つの意味がある。そしてペローが「これこそ一大事」といっているのは、町の狼たちの誘惑なのだ。

こうした教訓にかぎらず、子どもむけの話にかこつけた大人むけのメッセージ、エロティックなほのめかしは、『ペロー民話集』の全編にわたって見られるし、この手の洗練された大人の視線こそ、今日にいたるペロー人気の秘密かもしれない。そしてさらにいえば、民話はその発生からして別に子どもむきのものではないのだから、こうした大人の要素を大切にしたことも悪くはない。もちろんそれも度がすぎると、時には疎ましく思われるのだが。

ギュスターヴ・ドレによる「赤ずきん」の挿絵（1867年）

しかし、この教訓以上に、宮廷文化が支配的なのは、作品の中核をなす世界観である。そこには、ヴェルサイユ的な意味での美しい生活への憧れが満ちみちている。

「眠れる森の美女」の城にあらわれる大理石をしきつめた広い中庭や金箔をはりめぐらした寝室、鏡の間。「サンドリヨン」の姉たちのつける赤いビロードの服とイギリス製のレース飾り、金の花模様のマントとダイアモンドの留め金、食卓にさりげなくおかれたオレンジやレモン、すべてが当時の宮廷人たちの夢である。ペロー自身は、ヴェルサイユの王室建築総監として、こうした夢を演出し、みずからも青ひげのように町にも田舎にも立派な屋敷をもち、金銀の食器類だの、刺繍をした布張りの家具だのに囲まれていた。つまり、作者自身が主人公たちの夢を体現していたのである。

しかし、こうしたヴェルサイユ的な夢だとか、大人のエロティシズムだけで、ペローの作品の成功を語ることには無理がある。こうした要素だけならば、もっとどぎつい形でたとえばオーノワ夫人のような同時代の作家たちにも見られるからである。一時のはやりすたりだけで消えてしまった彼女たちとペローを分かつものはなにかを考えてみる必要がある。そこにはもちろん、磨きぬかれた古典主義の文体というものもあるだろうが、それを生みだしたあと二つの要素、子どもに対する視点と伝承に対する忠実さが大切な役割をはたしているように思われる。

3 ⚜ ブルジョワジーと子どもの教育

実際、ちょっと考えてみれば気づくことだが、ヴェルサイユの貴族たちの文化には「子ども」というものは存在しない。伝統的な社会においては、貴族は生まれながらにして貴族であり、農民は生まれながらにして農民であるからだ。この時代に子どもという存在をつよく意識し、彼らに正しい教育を与え、判断力や技術をさずけ、将来の高い地位や安定した生活を保証してやろうと考えていたのは、上流のブルジョワジーのみといってよい。彼らの多くは法服貴族とよばれ、富と知識とによって弁護士や裁判官の地位を手にいれ、新しい貴族となった。彼らの地位は、もちろん不動のものではなく、十七世紀の後半にはすでに危ういものとなりつつあったが、なお時代の知識人・文学者を輩出しつづけていた。デカルトもパスカルもコルネイユもラシーヌもすべてこの階級の出身である。ペローも、遅れてきたこの階級の一員であった。シャルル・ペローは、一六二八年、五人兄弟の末息子としてパリに生まれた。父親はパリ高等法院の弁護士であり、長男のジャンも弁護士、次男のピエールは徴税官、三男のクロードは医者であり建築家、四男のニコラは神学博士である。末っ子のシャルルもまず弁護士として出発し、のちにルイ十四世の財務総監コルベールの片腕となるのだが、注目すべきは、幼年期に彼のうけた教育と、晩年になって彼自身が子どもたちに与えた教育である。彼はのちに『回想記』(一七〇〇年頃)のなかでつぎのように述べている。

まず、私に読むことを教えてくれたのは母だった。それから八歳半の時にコレージュ・ド・ボーヴェに入学した。そこでは、私は兄さんたちと同じようにすべての科目をよく勉強したので、私たち兄弟の誰ひとりとして鞭でうたれる者はなかった。毎晩、父は夕食がすむとその日に習ったことを復唱させ、その大切なところをラテン語でいわせた。この方法は、学ぶ者の精神をひらき、暗唱した作家の精神を理解させるのにとても役にたった。私はいつもクラスでトップだったが、あまり読むことを知らずに一年生になったので、低学年のころはだめだった。(C. Perrault, 1878, p.2)

これは、ちょっとかたちをかえれば、現在でもフランスの教育熱心な家庭には見られそうな暖かい光景である。しかし十七世紀の前半には、このような家庭はまれであった。それはやっと学校という制度が子どものために必要であると考えられはじめた時期であり、フランス全土に教会付属の学校が設けられつつあったのだが、学校とよぶにはあまりにおそまつなものが多かった。一六八一年のある記録によれば、結婚式の時に自分の名前を書くことのできた者は十人に二人であったというから、当時の学校教育の成果も推して知るべしである。

ペローは、幼い日に自分のうけた教育を、子どもたちのためにもきっと繰り返したにちがいない。彼の結婚は、仕事の忙しさのためか、かなり遅く、四十四歳のことである。この時、結婚相手のマリ・ギションは十九歳。彼女は、そのわずか六年後には、三男一女を残して他界してしまう。そしてさらに五年の後、コルベールの死とともに官を辞したペローは、同じ『回想録』にこう書いている。

17世紀フランスの村の授業風景

休息をとり自由の身になって、私は考えた。二十年近くも働きづめに働いて五十の坂も越えたのだから、もう悠々と身体をやすめて、子どもたちの教育に専念するために引き籠もってもかまわないだろう。(C. Perrault, 1878, p.127)

ペローが『ペロー民話集』に収められている韻文作品三編をまとめて発表するのは、『回想録』から十五年ほどたった一六九五年である。そこに当時のサロンにおける妖精物語の流行が背景として働いていたことは、疑いえない。しかし、もしこの間にペローがみずからの子どもの成長につぶさに接し、心をくだくことがなかったら、『ペロー民話集』が今日の姿にそだっていたかどうかは、大きな疑問である。彼は、この作品集に付した序文のなかで、民話を「私たちの先祖が子どもたちのために作った物語」と規定したうえで、これらの物語が子どもの教育のために用意した教訓にふれて、つぎのように述べている。

子どもたちが堅実一方で魅力のまったくない真実というものの価値をまだ理解できない場合、そうした真実を年齢の幼さにあわせた楽しいお話の衣でくるんで、子どもたちに真実を愛するようにしむけ、またこういってよければ、真実を〈のみこませよう〉とする父親や母親は、ほめられてよいのではないでしょうか。まだ何物にも汚されていない生来のまっすぐな気性をもった無邪気な子どもたちが、寓話のなかに隠された教訓をどれほど夢中になって吸収するかは、信じられないほどです。(ペロー、一九七七、一一〇頁)

子どものうちに無垢な心をみとめ、そこに働きかける教育の力を信じることは、けっしてペローの独創的見解ではないが、当時としては最先端をゆく思想である。こうした見方が何年かたって、十八世紀の啓蒙主義の思想にふれると、さらにいっそう「教育」が前面におしだされ、そのぶん話がつまらなくなってゆく。たとえばボーモン夫人のようにすぐれた作品を残した人でも、やたら女教師然としてきて「幾何学的精神」とか「理性の王国」とかをふりまわして、しまいには話の楽しさを忘れてしまう。

しかしペローの場合には、子どもの無邪気な心と教訓の効用を語っても、そのために話を失ってしまうことはなかった。そこには、やはり本当の語り手のもつ「聞き手に対する配慮」と「語り継がれた話に対する敬意」が生きているのである。

ペローの作品のこうした特質は、どうしてもみずからが語り手となるまえに培われた聞き手としての経験、つまりみずからの文化とは異質の民衆文化との接触を前提としないかぎり、理解しにくいものである。しかし、終生都市生活者であったペローが、いったいどのような機会に、誰から話を聞いたのか、口伝えの世界にどれほど親しんでいたのかを実証する手だてはなにもない。

4 ⚜ 民衆文化と語りの世界

だが、しいてあげれば、『ペロー民話集』の一六九七年版の口絵がある。そこには、ひとりの糸を紡ぎながら語る老婆と、話に聞きいる三人の子どもの姿が描かれている。左端の老婆は貧しい

1697年版『民話集』の口絵

農民の女の装いであり、三人の子どもは明らかに豊かな家庭の子どもである。この絵は、ペロー自身が原画を提供したという説もあるほどぎこちないものだが、この三人のうちのひとりに幼い日のペローの姿をみることもあながち無理な想像ではない。幼いペローは、母から読み書きをならい、そのついでにいくつかお話を聞いたにちがいない。そしてさらに部屋の片隅で、もっとたくさん話を知っている家政婦たちにお話をせがまなかっただろうか。

あるいはまた、それから五十年ほど時代をずらして、そこにペローの息子や娘の姿を思い描くことも可能である。もう六十歳にちかいアカデミー会員のペローが、やはり部屋の片隅で子どもたちとともに、じっと邪魔にならないように老婆の語りに聞きいっている。

この口絵の奥の扉には「がちょうおばさんの話」という文字が打ちつけてある。これは『ペロー民話集』のサブタイトルでもある。がちょうおばさんは、英語でいえばマザー・グース。でもそのタイトルは、この口絵のおばさんにぴったりだ。糸を紡ぐ手を休めずに、子どもたちを語りの世界に引き込んでいくおばあさん。このおばあさんもまた若い頃、村の娘のあつまる仕事宿で、話を語りあった日々を思い出しながら、ゆっくりと語っているのかもしれない。『ペロー民話集』の底には、こうした語りの深い層がずっと広がっていなければいけないと思う。

しかし残念なことに、十七世紀の民衆がどのようにして語りを楽しんでいたか、そんな記録は残されていない。それはやっと十九世紀の後半になって、民俗学という学問が人々の関心にのぼるまでは、偶然以外には文字に残されることはなかったのである。しかし、たとえば民俗学者のポール・セビオが、百年ほどまえに記録したブルターニュ地方のこんな生活も、ペローの時代にはもっと生き生きと息づいていたのではあるまいか。

糸紡ぎ宿（フィルーア）も、今ではあちこちで姿を消してしまったが、夕方になると開かれた。糸を糸巻棒や紡ぎ車で紡ぐために、何人かが一軒の農家にあつまってくる。恋人のいる若者たちも、娘をさそいにやってきて紡ぎ車をまわす手伝いをする。みんなは、そこで民話や伝説を語り、謎々をだし、歌をうたい、しまいには踊りをおどることもあった。エルセの町あたりでは、こんなあつまりを「フィランドリー」といったけれども、時には四十人も五十人もあつまることがあったそうだ。ひとりの老婆が、自分の若かった頃には、毎週一回フィランドリーがあって、ないことの方がめずらしかったと語っていた。（P. Sébillot, 1967, p.3）

こんな仕事宿の記録は、おどろくほど日本の娘宿での語りと似ていて、想像力をはたらかせていくとペローの民話の世界が一歩ずつこちらに近づいてくる気がして楽しい。ペローの口承に対する忠実さは、こんな伝統に根をおろしているのである。

ペローの語りが、そのヴェルサイユ的な装飾と読者としての女子どもに対する配慮にもかかわらず、いかに正確に口伝えの話の構造に忠実であるかは、現在もフランスの各地に残された類話と比較してみればすぐにわかる。

5 ❦ 世界の民話「ロバの皮」

たとえば「ロバの皮」は、韻文で書かれたペローの第三作だが、じつは読者として子どもを意識した最初の作品といってもよい。これに先行する「グリゼリディス」は、子どもの読みものというより、むしろ女性のために書かれたフェミニズム擁護の作品であり、それに続く「愚かな願い」も当時の古典主義文学のギリシャ・ローマ偏重を念頭においた大人の寓話である。これに対して「ロバの皮」は、その「序文」のとおり、まさに「老婆の語る民話」であり、「乳母や家庭教師の婦人たちが毎日子どもたちに語ってきかせる話」であった。

「ロバの皮」は、ペロー以前にもヨーロッパ各地で親しまれた話だった。文献のうえでも、すでにイタリアのストラパローラの『たのしい夜』(*Le piacevoli notti* 一五五〇年、一五五三年)にも「ドラリス」という類話があるし、バジーレの『ペンタメローネ』(一六三四—三六年)にも〈娘が熊女に変身して父の求婚からのがれる〉話がある。フランスの場合には、ペローの話よりまえにまとまった記録はないが、先行するモリエールやラ・フォンテーヌの作品のなかにこの話の名前が登場するところから〈ロバの皮による変身〉というモチーフが、けっしてペローの再話上の思いつきではないことがわかる。そしてまたさらに時代がくだってドイツのグリムやイギリスのジェイコブズの民話集になると、変身の道具は〈千枚皮〉や〈い草のずきん〉になる。

しかし、数ある娘の変身の道具のうちで、日本の「鉢かづき」の〈鉢〉はユニークである。この話の場合には、イタリアやフランスの話とちがって冒頭に〈父親の娘に対する求婚〉という近親相姦モチーフがなく、きわめて日本的な継子いじめになっていて、その鉢も妖精ならぬ観音さまのお告げでさずけられる。しかしその後の苦難の展開は酷似していて、最後の結婚のためのテストがまた日本的に和歌や管弦の嫁比べとなっている。この物語の成立は、同じタイプの「うばっ皮」とともに室町期とされているから、再話の年代もペローよりも早く、バジーレ、ストラパローラにも先行することになる。

民衆本に描かれたロバの皮

どうして世界中にこれほど似た話がちらばっているのか、時々おそろしくなるが、どうやら想像以上に人間の文化は共通の基盤のうえに立てられているらしい。ペローは、おそらくストラパローラの作品は読んでいただろうし、ギリシャ・ローマの古代にも自分たちと共通の志向があったことを好んで証明しようと試みた。しかし、日本の問題は当時のヨーロッパ人の想像力をはるかにこえていただろう。

ペローは、この話を韻文で書いた。これはアカデミーの会員として文体にこだわるペローのぎりぎりの妥協であったと思う。そこには、とても子どもむけとはいえない手のこんだ表現がならんでいる。しかしそれにもかかわらず、語りはあくまで民話のスタイルであり、話し言葉の調子が生きている。それに、魔法民話に特有の約束がきちんと守られているのである。「ロバの皮」を書いたあと、ペローは韻文のスタイルを捨ててしまう。これは、当時の文人としては、かなり勇気のいることだった。そのせいかどうか知らないが、『ペロー民話集』のあとの八つの話は、ペローの息子のピエールの名前で発表されている。果たしてこの八つの作品の作者が誰か、今日でもはっきりしないのだが、わずらわしい論争なのでここでは言及しない。しかしその作品のいずれにも、当時十九歳であったピエールには望みがたいと思われる、例の皮肉で優しい大人の視線がのぞいている。そこに光をはなつ知性は、デカルトやパスカルの継承者、ホイヘンスやフォントネルの友人としてのペローの「近代合理主義」に特有のものだが、無能な貴族たちのいたずらなオカルト趣味から自由な分だけ素直に民衆の伝統を表現している。『ペロー民話集』の時として饒舌なヴェルサイユ的語彙の下には、きわめて骨太な民話の構造が生きている。そしてこの構造への忠実さこそ、今日にいたるまで『ペロー民話集』が読みつぎ語りつがれてゆく真の理由であるといえるだろう。

第Ⅱ章

世界の民話「シンデレラ」

1 マリアン・コックスと三百四十五の「シンデレラ」

「ロバの皮」にかぎらず、同じ種類のモチーフが同じ順序で展開する話が世界各地に存在することは、すでにグリムの時代から知られていた。グリム自身も、一八二二年に刊行された第二版の註で、ドイツに伝わるいくつかの類話を検討したうえで、ほかにペローの「ロバの皮」、ストラパローラの「ドラリーチェ」、バジーレの「牝熊」という先行文献があることを指摘している。

しかし「ロバの皮」をあの「シンデレラ」と同じタイプの話と考えて、世界中にその類話をもとめ、比較分類し、そのルーツをさがす国際比較研究に本格的に着手したのは、イギリスのマリアン・コックスが最初である。彼女は、一八九七年に『シンデレラ――〈シンデレラ〉〈猫の皮〉〈い草のずきん〉の三百四十五の類話』(*Cinderella: Three Hundred and Forty-five Variants of Cinderella, Catskin and Cap O'rushes*) を刊行した。

一八九七年というのは、グリムによってはじめられた体系的な民話記録の作業が、ヨーロッパ各地に波及し、フランス、イギリス、スペイン、ポルトガル、フィンランド、ノルウェイ、ギリシャなどに質の高い資料集が出揃いはじめた時代である。とくにイギリスでは、アンドルー・ラングやジョゼフ・ジェイコブスなどの作家たちによって、民話資料をもとにした一般むき再話集が出版されはじめていた。コックスは、こうしたヨーロッパの資料集をよく読み、彼女が「シンデレラ」の類話であると考えた話を三百四十五話選び、それをA、B、C、D、Eの五つに分類した。

彼女は一般に「シンデレラ」と呼ばれるタイプをAとし、「ロバの皮」のタイプは、イギリスでよく知られた「猫の皮」をB、「い草のずきん」をCとして二つに分けている。「猫の皮」と「い草のずきん」は、構造的視点からみると「ロバの皮」と同じタイプだが、主人公が城を脱出する事情が、少しちがっている。そこには、「ロバの皮」のような〈結婚をせまる父親〉という困った近親愛モチーフはない。

1697年版の「シンデレラ」挿絵

Bの「猫の皮」の場合には、その代わりに、どうしても跡継ぎの男の子が欲しいというわがままな父親が登場する。父親は、娘の存在を疎ましく思って、娘が十五歳になると「誰でもいいから、最初に結婚を申し込んできた男と結婚させる」と宣言する。主人公は、お仕着せの結婚から逃れるために、猫の皮をかぶって家を出て、城の下働きに雇われる。そして、猫の皮を脱いで美しく変身すると、パーティに出かけて王子に見初められる。もちろん王子と結ばれた娘は、跡継ぎもなく妻とも死に別れて、すっかり落ち込んでいた父親と和解する。

Cの「い草のずきん」に登場する父親も頑固である。彼はシェ

ジェイコブス『イギリス民話集』（1895年版）の「い草のずきん」挿絵

イクスピアの『リア王』のように三人の娘にむかって、自分に対する愛の深さを告白させる。

上の二人の姉たちが口当たりのいいことをいってうまく切り抜けるのに、三番目の妹は「塩と同じくらい愛している」といって不興をかい、城を追い出される。い草のずきんのなかに美しい衣装を隠して城の下働きとなった娘は、やはりずきんを脱いで美しく変身し、王子に見初められる。そして結婚式に父親を招待して「塩ぬき」の料理を食べさせ、塩の大切さと、娘の愛の深さに気づいて後悔した父親と和解する。

以上のように、「ロバの皮」にも「猫の皮」にも「い草のずきん」にも、どうにも困った父親が登場して、主人公はこの父親との葛藤が原因で城を出るのだから、ひとまとめにしてよいのだが、「い草のずきん」はイギリスを代表する民話の一つだし、「猫の皮」は、マザー・グースのような子守唄にまでなって人々に親しまれている。子どもの頃から二つの話を聞いてそだったコックスには、それらをひとまとめにするのは、無理な話だったのだろう。彼女は、ペローの「ロバの皮」やグリムの「千枚皮」のように「近親愛」のモチーフをもつ話を、Bの「猫の皮」タイプに分類して、「い草のずきん」と区別することにしてしまった。

さらにコックスは、AにもBCにも分類できない話を「中間的な話D」とし、「シンデレラ」に近い方はDa、「ロバの皮」に近い方はDbとした。

たとえばDaに分類された『グリム童話集』の「一つ目、二つ目、三つ目」の主人公は、二つ目であるために、母親と一つ目と三つ目の姉妹に疎まれて、山羊の番をしている。娘が、自分の不幸を嘆いていると、ふしぎな女があらわれて〈山羊にむかって唱えるとご馳走が出てくる呪文〉を教えてくれる。この秘密を三つ目の姉に知られて、大切な山羊を殺されてしまうが、殺された山羊を葬ると、そこから美しい木がはえ金のリンゴがなる。そこに王子が通りかかり、金のリンゴを所望する。ところが、リンゴは二つ目の娘にしか手に入らない。娘は王子に金のリンゴをプレゼントして、王子と結婚して幸せに暮らす。

Eに分類されるのは、主人公が男性版のシンデレラである。これは「赤い小牛」として知られる話で、「一つ目、二つ目、三つ目」とよく似ているが、後半の展開がちがう。

主人公は母親を失い、継母に牛の番をさせられ、腹をすかせていると、一匹の牛が角からご馳走を出してくれる。その秘密をいくつも目をもった継妹に知られ、牛は継母に食べられそうになる。主人公は、牛にのって脱出し、銅、銀、金の森を抜けるが、牛の忠告をきかずに銅、銀、金の枝を折り、そのために牛は森の主と戦わなければならない。牛は、三度の戦いに勝つか、最後の戦いに敗れて死ぬ。主人公は、牛から角をもらい、その力で幸せになる。

コックスがAの「シンデレラ」タイプに分類した話は百三十四話、Bの「猫の皮」タイプは七十八話、Cの「い草のずきん」が二十六話、Dの「中間的な話」が八十話、Eの男性ヒーロー・タイプが二十三話である。これに、編集の最後の段階で四話が加わり、全部で三百四十五話になった。資料となったのは、圧倒的にヨーロッパの話が多いが、南アメリカが三話、中東・アフリカは四話、そしてアジアが十話あり、なんと日本の「鉢かづき」がタイプDとして紹介されている。これは一八八五年にライプチヒで刊行されたダーヴィド・ブラウンス著『日本のメルヘンと伝説』(*Japanische Märhen und Sagen*) から採用されている。しかし、中国や韓国の話はなにもない。

2 ⚜ アアルネとトンプソンの「話型カタログ」

コックスの研究は、本格的な国際研究の第一歩となった。世界中に広がりをもつ話は、もちろん「シンデレラ」だけではない。「しっぽの釣り」にも、「ブレーメンの音楽隊」にも、「美女と野獣」にも、よく似た話がたくさんあって、それがまるでジグゾーパズルのピースのように各地に散らばっている。これを、いったいどう整理したらよいのだろうか。

コックスの仕事は、これに大きなヒントを与えた。すでに述べたように、彼女は世界中の「シンデレラ」をABCDEの五つのグループに分けた。これを、物語の構成要素(エピソード)に分けて、もう少し詳しく見てみよう。

Aのスタンダードなシンデレラは、①継子のヒロインがいじめに遭うと、②ふしぎな女（妖精・死んだ母親）がこれを助ける、③ヒロインは城の舞踏会などで王子と出会うが、正体を明かすことなく逃れる、④残されたガラスの靴などのテストでヒロインが認知される、⑤王子との幸せな結婚、という五つのエピソードから構成されている。

Bの「猫の皮」は、①ヒロインは父親に疎まれ無理に結婚させられそうになる、②ふしぎな援助者が、婚約者に美しいドレス三枚と猫の皮のドレスを用意させるように助言する、③猫の皮を着て家を出た娘は、城の下働きになる、④娘は美しいドレスを着て城の舞踏会に出て、王子の心を射止めるが、正体を明かさずに逃れる、⑤猫の皮をぬいで、美しいドレスに着替えたヒロインは認知される、⑥王子との幸せな結婚、⑦後悔した父親との和解、という七つのエピソードからなる。

Cの「い草のずきん」には、①ヒロインは父親から愛を試されて「塩のように愛している」と答えたために城を追い出される、②ヒロインは、い草のずきんを着てさまよい、③ある城の下働きになる、④娘は、い草のずきんをぬぎ、美しいドレスを着て城の舞踏会に出て、王子の心を射止めるが、正体を明かさずに逃れる、⑤美しく変身したヒロインの姿を覗き見た王子は、恋におちる、⑤美しいドレスに着替えた娘は認知される、⑥王子との幸せな結婚、⑦塩の大切さを知り、後悔した父親との和解、という七つのエピソードがある。

Dの「一つ目、二つ目、三つ目」には、①ヒロインは、二つ目であるために、母親と一つ目と三つ目の姉妹に疎まれ、山羊の番をしている。②ヒロインが、自分の不幸を嘆いていると、ふしぎな女があらわれて、〈山羊にむかって唱えると食事が出てくる呪文〉を教える、③この秘密を三つ目の姉に知られて、山羊を殺されてしまうが、④山羊を葬ると美しい木が生えて、金のリンゴがなる、⑤王子が通りかかり、金のリンゴを所望するが、リンゴはヒロインにしか手に入らない、⑥ヒロインは王子に金のリンゴを与え、王子と結婚して幸せに暮らす、という六つのエピソードがある。

Eの「赤い小牛」は、①ヒーローは、継母に虐待されているが、牛が角から食事を出してくれる、②いくつも目をもった継姉妹に見つかり、継母は牛を食べようとする、③ヒーローは、牛にのって脱出し、④銅、銀、金の森を抜け、牛の忠告を無視して枝を折り、そのために牛は森の主と戦わなければならない。⑤牛は、三度の戦いに勝つか、最後の戦いに敗れて死ぬ、⑥主人公は、牛から角をもらい、その力で幸せになる。

コックスは、以上のようなエピソード構成を、あらかじめ明らかにしてからシンデレラの類話を集めて、ＡＢＣＤＥというタイプ分けをしたわけではない。彼女は、「シンデレラ」が〈虐げられたヒロインまたはヒーロー〉〈死んだ母親または父親の援助〉〈魔法のドレス〉〈失われた靴と靴のテスト〉〈幸せな結婚〉などの共通したモチーフから構成され、各モチーフがＡＢＣＤＥの五つのタイプの話のどれにあるかは特定した。たとえば〈死んだ母親の援助〉はＡＢＤのタイプに見られ、〈死んだ父親の援助〉はＥのタイプにのみ見られる。しかし彼女は、ＡＢＣＤＥの話のそれぞれが、どのようなモチーフの組み合わせによって構成されているかは語らなかった。コックスは、おそらくイギリスの経験主義的な伝統に忠実であったために、最初からＡＢＣＤＥという先験的なモデルを決めて分類することをせず、三百四十五の話が結果的にＡＢＣＤＥのタイプに分かれるのを見届けたのである。

しかしコックスの、この手法を逆転して、最初にいくつかのモチーフの組み合わせを話の「タイプ」として措定し、番号をつけてカタログ化すれば、世界中のあらゆる民話を、限られた数のいくつかのタイプに分類できるのではないだろうか。

こういう途方もないアイデアが、フィンランドのアンチ・アアルネと彼の志を受け継いだアメリカのスティス・トンプソンによって実行に移された。

アンチ・アアルネ（一八六七―一九二五）は、カールレ・クローンに師事したフィンランドの民俗学研究者で、はじめはフィンランド固有の語りを歴史という時間軸と地理という空間軸のどこかに整理する研究から出発したが、一九一〇年に『民話の型目録』（*Verzeichnis der Märchentypen*）を完成させる。

これは、フィンランドからドイツやデンマーク、それに東欧にむかって視野を広げ、さらにはヨーロッパ全域にわたる民話をカタログ化したものだが、その際に提起された「話型（Märchentypen/Tale Type）」という考え方が大切である。

フランスで出版された『グリム童話集』（1923年）挿絵

世界中には、ほとんど無数の語りがある。たとえば、私たちが普通に「シンデレラ」と呼ぶ話は、イギリスではCinderella、フランスではCendrillon、ドイツではAschenputtelと呼ばれている。これは、みんな「灰」という意味を含んでいるから、「灰かぶり」という名称のもとに整理してもよい。しかし中国の「葉限」の場合は、どうしてこれを「シンデレラ」の仲間だといえるのだろうか。韓国には「コンジ・パッジ」、日本には「米福・粟福」というシンデレラ・タイプの話があるが、これはどうだろう。

アアルネは、当時知りうるかぎりの民話を約二千の番号と話名のついた「話型」というファイル・ボックスを用意し、さまざまの国や地域で記録された民話を、語り手や記録者のつけた勝手な名称に頼らず、その構成要素によって仕分けして整理することにした。

つまり５１０番の「シンデレラ」のファイル・ボックスにはシンデレラの類話を、３１３番の「赤ずきん」のボックスには「赤ずきん」の類話を、５４５番の「長靴をはいた猫」のボックスには長靴をはいた猫の類話を入れることにしたのである。こうすれば、「シンデレラ」のボックスには、世界中のシンデレラの類話が集まってくるから、いつでもボックスを開いて、フランスとロシアのシンデレラの比較研究ができる。

アアルネは、そのうえで、とりあえず集めたボックスを「動物民話」（1－299）「本格民話」（300－1199）「笑い話」（1200－1999）の三つのグループに分けることにした。[*1]

動物民話というのは、「しっぽの釣り」や「狼と七匹の子山羊」のように動物を主人公にした話である。そこに「カチカチ山」や「ブレーメンの音楽隊」のように動物以外にお爺さんやお婆さんが出てくることがあっても、主人公が動物であればかまわない。

本格民話と笑い話は、いずれも人間を主人公とする話だが、「本格民話」が「シンデレラ」や「眠れる森の美女」のように複雑な構成をもつのに対して、「笑い話」は構成が比較的単純で「とんち話」「おろか話」「艶笑譚《えんしょうたん》」のように、聞き手を笑いにさそうことを目玉とした短い話が多い。

この動物民話、本格民話、笑い話という三つのグループはさらに細かくグループ分けされる。たとえば「シンデレラ」の入った本格民話のグループは、魔法の話（300－749）、宗教的な話（750－849）、短編小説（ノヴェラ）的な話（850－999）、愚かな悪魔の話（1000－1199）に分けられる。

最初の「魔法民話」というのは、動物が口をきいたり、死んだはずの人が生き返ったり、魔法の絨毯が空を飛んだり、とにかく普通ではないことが、ごく普通に起こる世界の話で、これはさらに「超自然的な敵」（300－399）「超自然的な、または魔法をかけられた配偶者、またはその他の近親者」（400－459）「超自然的な難題」（460－499）「超自然的な援助者」（500－559）「超自然的な品物」（560－649）「超自然的な能力または知識」（650－699）「その他の超自然的な話」（700－749）に分けられている。

ここでやたらと登場する「超自然的」というのは「スーパー・ナチュラル（Supernatural）」の意味で、要するに「普通ではない」ことだから、「超自然的」は魔法民話に欠くことのできない必須アイテムである。たとえば「超自然的な敵」というのは、七つの頭をもつドラゴンとか、心臓のない巨人とか、普通のやり方では絶対に倒すことのできない相手なのだが、民話のヒーローは絶対にこれに勝つことになっている。

本格民話の二つ目のグループ「宗教的な話」は、やはり普通ではないことが起こる話なのだが、それがわけの分からない「魔法」のせいではなく、神さまや悪魔などの〈宗教的存在〉のおかげで起こる話である。このタイプの話で一番ポピュラーなのは、イエスとペテロがこの世を旅して歩き、奇跡の力で、心の優しい人に報いを与え、心のみにくい金持ちを罰する話で、日本の場合には、イエスのかわりに弘法大師が登場することが多い。

三つ目の「短編小説（ノヴェラ）的な話」というのは、本来の魔法民話にそなわっている魔法や奇跡の要素が薄れて、「ヴェニスの商人」でよく知られた「胸の肉一ポンド」のエピソードのように人間的な葛藤を、奇跡や魔法にたよらず、人間的な知恵と勇気で切り抜けるタイプの話である。

最後の「愚かな鬼の話」のグループには、圧倒的な力をもつはずの人食い鬼や悪魔などが、本来の力を発揮することができず、人間にだまされたり、からかわれたりしたあげく、尻尾をまいて逃げて行くというタイプの話がファイルされている。

アアルネが用意したこの話型という考え方は、たいへん便利だったが、世界中の話を仕分けするには、やはり数が足りないことが判明する。そのことに早くから気がついて、話型の数を大幅に増加する作業にとりかかったのが、アメリカのスティス・トンプソンである。トンプソンは、一九二八年と一九六一年の二回にわたってその数を補い、最終的に二千五百とし、話型にアアルネのAとトンプソンのTを組み合わせたATナンバーを打つこととして、そのうえで「動物民話」「本格民話」「笑い話」のほかに「形式譚」（2000－2399）と「分類できない話」（2400－2499）という二つのグループをつけ加えた。

ロシアの絵本作家エリザベータ・ビョームの代表作「大きなカブ」の表紙（1887年）

「形式譚」というのは、話の内容よりは、形式やリズムによって聞き手をひきつける話で、たとえば「大きなカブ」のようにお爺さん、お婆さん、孫娘、犬、猫が〈カブをひっぱる〉という同じ動作をつぎつぎに繰り返し、最後に小さなネズミが加わってやっとカブが抜けたり、山のトチの実が、一つまた一つと落ちて、いつまでたっても終わらなかったり、いろいろのパターンがある。

「分類できない話」というのは、文字どおり分類できない困った話で、これは将来よい考えが浮かぶまで、とりあえずそこにファイルしておくためのリザーブ・ボックスである。

トンプソンの功績は、アアルネが用意した1999番までの話型分類には忠実に従いながら、アアルネがごく大雑把にしか示さなかった話の構成要素を〈モチーフ〉として整理し、それをさらに複数のモチーフによって構成されるいくつかの〈エピソード〉にまとめて提起したことである。[*2]

たとえば「シンデレラ」は、アアルネの一九一〇年のカタログでは510の二つのサブタイプに分かれていて510Aが「シンデレラ」、510Bが「金のドレス、銀のドレス、星のドレス」で「ロバの皮」のタイプ、511が「一つ目、二つ目、三つ目」となっていて、510Aと510Bには、以下のような簡単な説明があるだけである。(A. Aarne,1910, pp.22–23)

510A灰かぶり：二人の継娘。この継娘は、本当の母親の墓のところに行き、母は娘を助ける(雌牛の乳を搾る、りんごの木をゆする、老人を助ける、480番参照)この娘は三回美しい服を着て教会に行き、自分の靴(単数)を残してくる。この靴がだれの足に合うかのテスト。(このメルヘンの最初の部分は、403番参照)

510B金、銀、星のドレス：自分の娘と結婚しようとする父親のプレゼント。娘は、王子の小間使いになり、王子は、いろいろな物を娘に投げる。三回の教会行きと、忘れた靴、婚礼。

（451番参照）

トンプソンは、以上のアアルネの510Aと510Bの分類を継承しながら、AT510の全体に「シンデレラとい草のずきん」という話名をつけ、話型全体のモチーフ構成をつぎのように提示した。

Ⅰ　**しいたげられたヒロイン**：（a）ヒロインは継母と継姉妹によってしいたげられ、（a1）暖炉の上や灰の中にいる、（a2）粗末な着物（い草のずきんやゴワゴワのマントなど）を着せられている。（b）主人公との結婚を望む父から変身して逃れるか、（c）父を、塩と同じくらい愛しているといったので、父に追い出されるか、（d）召使によって殺されそうになる。

Ⅱ　**魔法の援助**：彼女は、（自宅か、他人の家で）召使になり、（a）死んだ母か、（b）母の墓から生えた木か、（c）超自然的な存在か、（d）鳥か、（e）幽霊か、（f）羊か、殺された羊（牛）から生えた魔法の木によって、忠告を受けたり、欲しいものや、食べ物を与えられる。

Ⅲ　**王子との出会い**：（a）彼女は、美しく着飾っ

民衆本に描かれた内気なシンデレラ

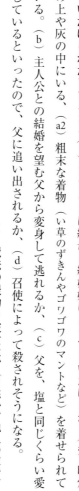

て、何度か王子とダンスする。王子は彼女を引きとめようとするが、うまくいかない。あるいは、彼女は教会で王子に見初められる。(b) 彼女は、自分が召使として耐えた理不尽な行為について暗示するか、(c) 自分の部屋か、教会で、美しいドレスに着替えた姿を見られる。

Ⅳ **正体が知られる**：(a) 彼女は、靴のテストによってか、(b) 王子の飲みものや、パンのなかに入れられた指輪によって、正体が明らかにされる。あるいは (c) 彼女だけが、騎士(王子) の望む黄金のリンゴを摘むことができる。

Ⅴ **王子との結婚**

Ⅵ **塩の価値**：彼女の父は、塩のきかない食事をふるまわれて、彼女の答えの意味を思い知らされる。

トンプソンは、そのうえで、AT510AとAT510Bに関する研究論文と世界各地の類話を、国や地域別に列挙した。当時、彼はインディアナ大学の民俗研究所を率い、世界各地の民話資料を組織的に整備し、分類整理する立場にあったので、コックス以来、彼の知るかぎりのシンデレラがここにリストアップされたことは間違いない。

トンプソンは、またAT511に「一つ目、二つ目、三つ目」を配し、サブタイプの511Aとして「赤い小牛」をつけくわえることも忘れなかった。これで、マリアン・コックスが『シンデレラ――〈シンデレラ〉〈猫の皮〉〈い草のずきん〉の三百四十五の類話』で紹介した話のほとんどすべてがAT510とAT511という二つの引き出しに納められたことになる。（A. Aarne & S. Thompson, 1961, pp.175–179）

3 南方熊楠の「シンダレラ物語」

コックスにせよ、アアルネとトンプソンにせよ、世界中の民話を集めて比較しようという国際比較の試みには、地理と歴史の空間・時間軸に民話を整理してそのルーツを発見したいという野心が潜んでいた。

それは無謀な試みなのだが、その一方で民話研究を世界に広げる契機ともなった。

コックスの提示した三百四十五話の「シンデレラ」は、だれが見てもヨーロッパにかたよりすぎている。しかし、ヨーロッパにこれほど「シンデレラ」があるなら、アジアはどうなっているのだろう。

このことに最初に関心を示し、いまも重要な指摘をしたのは、南方熊楠である。

南方は、明治四四（一九一一）年三月発行の『人類学雑誌』に『西暦九世紀の支那書に載たるシンダレラ物語』を寄稿し、中国の段成式（八〇三―八六三）が唐代に著した『酉陽雑俎《ゆうようざっそ》』のうちに

1891年アメリカ滞在中の南方熊楠

収められた「葉限」こそが、シンデレラの最初の記録であることを公表した。

南方は、公表の経緯をつぎのように書いている。

> さて予二十三年前在米の間、『酉陽雑俎』続集巻一に、支那のシンダレラ物語あるを見出し、備忘録に記しおき、その後土宜法竜師などに報ぜしことあり。英国の里俗学会、かつて広く諸国に存するシンダレラ物語の諸種を集め、出版せし一冊あり。予在外中、好機会多かりしも、多事なりしため、ついにこれを閲せざりしぞ遺憾なる。近日ロンドンの学友を頼み、右の書に支那のシンダレラ譚ありやと調べもらいたるに、全くなしとの返事なり。しかし、その人かかることに趣味を持たざれば、実際は知れず。とにかく、自分せっかく久しく取っておきの物を、そのまま埋め去ることの惜しまるれば、ここにその文を載す。たとい、すでに学者間に知悉《ちしつ》されしことなりとも、この物語を、欧州特有の物と思いおる人々の、耳目を広むるの少益ありなんか。

ここで南方のいう「かつて広く諸国に存するシンダレラ物語の諸種を集め、出版せし一冊」というのが、コックスの『シンデレラ――〈シンデレラ〉〈猫の皮〉〈い草のずきん〉の三百四十五の類話』であることは間違いない。南方は、アメリカ滞在の後、一八九二年九月にイギリスに渡り、おもに大英博物館で研究を続けて一九〇〇年に帰国したのだから、一八九七年に刊行されたこの本を十分に読む機会があった。ところが当時の南方は自然科学研究に没頭していたために機会を逃してしまったらしい。みずからの関心のおもむくままに、学問のあらゆる壁をこえて行動した南方らしいエピソードである。（南方熊楠、一九四三、六八―九〇頁）

「葉限」は、段成式が現在の広西チワン族自治区にあたる地域の出身者である李士元《りしげん》という使用人からの聞いた話で、近年の同地域やベトナムで採集された類話ともたがいに合致して、当時の民話のたしかな記録であることが推定される。

これについても南方は、「上に引ける葉限の物語は、往古南支那土俗の特色を写せる点多く、これを談《かた》りし人の姓名までも明記したれば、その里俗古話学上の価値は、優に近時欧米また本邦に持て囃《はや》さるる仙姑譚、御伽草紙が、多く後人任意の文飾脚色を加え含めるに駕するものと知るべし」と指摘している。

この話は比較的短いので引用しよう。

秦・漢の前に、呉氏という洞主がいた。土地の人は、呉洞と呼んだ。呉氏は、妻を二人娶《めと》ったが、一人の妻は死んで、あとに葉限という名の娘がのこされた。娘は、幼いときから賢く、金をさがすのが上手で、父はたいへん可愛がっていた。

ところが、歳末、父が亡くなり、継母のためにいじめられた。つねに、けわしい山へ薪《たきぎ》をとりに行かされ、深い川へ水汲みにやらされていた。

あるとき、娘は、一尾の魚をとった。二寸あまりで、赤い鰭《ひれ》、金の目である。そのまま、内密に盆《はち》のなかで飼っていた。日一日と、成長して、器をいくつかとりかえたが、容れられないほど大きくなったので、裏手の池の中に放した。娘は、自分がもらった食物のあまりをいつも池に沈めて魚に食べさせた。娘が、池に行くと、魚は、かならず、頭をあらわして、岸にのせた。だが、別の人が行くと、姿を見せなかった。

継母は、これを知って、つねに様子をうかがったが、魚は一度もあらわれなかった。そこで、娘をだまして、

「お前は、つかれてはおらぬかえ。お前のために着物を新しくこしらえてあげよう」

そこで、娘のやぶれた着物をかえさせてから、ほかの泉に水汲みにやった。数百里はあったろう。継母は、おもむろに娘の着物を着、鋭い刀を袖にかくして、池へ行って魚を呼んだ。魚は、すぐ、頭を出した。そこで、魚を斫《き》り殺した。魚はもう一丈あまりの大きさになっていて、その肉を食事に出したところ、ふつうの魚よりはるかに美味であった。その骨は、鬱棲《うっせい》の下にかくした。

何日かたって、娘が池にきたが、もう魚が見えなかった。そこで、野原で声をあげて泣き悲しんだ。

すると、思いがけなく、髪をざんばらにして、粗衣をまとった人が、天から降りてきた。その人は、娘を慰めた。

「もう泣くのはおやめ。お前の母が、あの魚を殺したのだ。骨は、糞《ふん》の下にある。帰って、魚の骨を取って、部屋にしまっておきなさい。欲しい物があったら、その骨に祈るといいよ。お前の望みどおりになる」

娘は、そう言われたとおりにした。

金も宝玉も、衣裳も食物も、欲しい物がちゃんと出てくるのであった。

洞の節句になって、継母はそこへ出かけ、娘に、庭の果物の番をいいつけた。娘は、母が遠くまで行ったころを見すまして、自分も出かけた。翡翠《ひすい》の羽で紡いだ上衣を着、金の履《くつ》をはいた姿であった。

継母の実の娘が、その姿をみとめて、母にささやいた。

「あの人、姉さんにほんとに似ているわ」

継母も疑わしく思った。

娘は気がついて、あわててひきかえしたが、そのまま、履を片方おとしてしまった。洞の人が、それを拾った。

母は、帰ってみると、娘が庭の樹を抱いて眠っていたから、そのことを気にとめなかった。

その洞の隣に海島があった。島に、陀汗《だかん》という名の国があった。兵が強く、数十の島と、水域数千里を支配していた。洞の人は、その履を陀汗国で売った。国主がそれを入手して、側近に命じて履かせてみた。足の小さい者だと、履は一寸ちいさくなった。そこで国中の婦人に履かせてみた。とうとう、一人も履のあう人がいなかった。それは毛のように軽く、石をふんでも音がしなかった。陀汗王は、その洞の男は、けしからぬ手段で手に入れたと思い、禁錮《きんこ》して拷問したが、ついに、その由来はわからなかった。そこで、この履を路傍に棄てておかせたところ、すぐに履が見えなくなったので、あたりの家をくまなく探させ、ついに葉限を発見した。履を履かせてみるとぴったりだった。

葉限は、そこで、翡翠の羽を紡いだ上衣を着て、履をはいて、王の御前に進み出た。天女のような美貌であった。はじめて、王に事の委曲を申しあげた。

王は、魚の骨と葉限とをみな車に乗せて国に帰還した。その継母と実の娘とは、すぐさま、石打ちの刑で打ち殺された。洞の人々はこれを哀れみ、石坑に遺骸を埋めて、「懊女塚《おうじょちょう》」と命名した。洞の人々は、この塚で祭祀をおこない、女の子が欲しいと祈願すれば、かならず、霊験があった。

陀汗王は、国に着いてから、葉限を上婦とした。それから一年、王は、欲にかられて魚の骨に祈り、宝玉が限りなく出たが、翌年はもう、ききめがなかった。王は、そこで海岸に魚の骨を葬り、真珠百斛《しんじゅひゃっこく》をつかってこれをかくし、金を辺《へり》にした。その後、徴集した兵卒が反乱したとき、墓をひらいて軍に支給しようとした。だが、ある夜、海潮のため沈んでしまった。

これが、わたしの家でかつて使っていた李士元の話である。李士元は、もと邕州《ようしゅう》の洞中の人である。南方の怪異の話をたくさん覚えている。（段成式、一九八一、三七―三九頁）

これをアアルネ・トンプソン式のモチーフ構成にしたがって、整理すると、

Ⅰ　**しいたげられたヒロイン**：ヒロインは継母によってしいたげられて、水汲みや柴刈りなど、つらい仕事をさせられている。

Ⅱ　**魔法の援助**：ヒロインは、川で魚をみつけて、こっそり育てるが、魚は継母に食べられてしまう。悲しんでいると、天からふしぎな男がおりてきて、殺された魚の骨から欲しいものがなんでも出てくると告げる。魚の骨から、美しい着物や食べ物が出てくる。

Ⅲ　**祭り**：祭りの日に、ヒロインは果樹園の番を命じられる。こっそり着飾って、金の履をはいて出かけるが、継妹に見つかり、逃げる途中で履を片方おとす。履は、王に届けられる。

Ⅳ　**正体が知られる**：王は履の持ち主をさがし、靴のテストによって、ヒロインをみつける。ヒロインは、美しく変身する。

Ⅴ　**王子との結婚**：王は、ヒロインと結婚し、継母と娘は、石にあたって死に、村人に祀られ霊威を発揮する神となる。

Ⅵ　**後日談**：欲深な王が、魚の骨に限りなく願いをかけたために、とうとう骨はなにも出さなくな

り、姿を消す。

南方の博識が、尋常一様ではないと思わせるのは、ただちに彼の記憶のなかに存在する「シンダレラ」の引き出しをひっくりかえして、ポルトガルのペドロソ（Zófimo José Consiglieri Pedroso Gomes da Silva 一八五一―一九一〇）が記録した「シンデレラ」の類話三話のうち「娘と魚」を選んで、「葉限」の比較対象としたことである。（C. Pedroso, 1882, pp.97-100）

ペドロソのこの話の存在については、コックスもすでに気づいており、タイプAの９０番に分類している。コックスの要約は簡潔すぎるので、以下（　）内に補いながら紹介してみよう。（M.-R. Cox, 2007, p.36）

（二人の実姉から）虐げられるヒロイン：ヒロインは「かまど猫」とあだ名されている。実父が捕まえてきて料理を命じた魚を、娘が助けて飼う。魚は井戸に入れて欲しいといい、娘を井戸の底に誘う。（娘はこれを断るが、つぎの日、お城で宴があって、姉たちは出かけていく。すると魚が、また井戸の底に誘う。）今度は、いっしょに井戸の底に行くと王宮があり、魚は娘に美しいドレスと靴を与え、（美しい馬車で宴に行かせる。魚は、娘にかならず姉たちより早く城を出て、井戸の底に帰って、ドレスを脱ぐようにと約束させる。）

出会い・他界への旅・失われた靴・靴による結婚のテスト：（娘の美しさは、人々を驚かせるが、娘は宴を去るときに、片方の靴を失う。王は、靴の持ち主と結婚すると宣言し、姉たちは靴を試しに城にむかう。）娘がふたたび井戸の底を訪れると、魚は娘に妻になるように迫る。魚は魔法にかけられた王子で、娘が承諾すると人間の姿にもどる。城に出かけて靴を試すと、靴は娘の足にぴったりあい、王は娘にプロポーズする。娘はそれを断って魚の王子と婚約したことを告げる。王は、魔法にかけられた王子の父で、息子が人間にもどり、娘と婚約したことを喜ぶ。

幸せな結婚と敵の処罰：（王子は、城に帰還し、娘と結婚する。姉たちは、処罰を受ける。）

コックスも、南方も、ペドロソの「シンデレラ」の話を知っていたのだが、コックスにとって「娘と魚」は、三百四十五話の「シンデレラ」のうちの一つに過ぎなかった。しかし、中国の「葉限」を知っていた南方は、この話が中国の「シンデレラ」とヨーロッパを結ぶ鍵をにぎる特別な話であることにすぐ気がついた。

ヨーロッパの話にも、牛や山羊が主人公を助けてご馳走やドレスを出してくれる話は多い。また、援助者の動物が殺されてもなお、主人公を助ける話も少なくない。しかし、魚が援助者として登場するには、なにか深いわけがあるのかもしれない。

4 ⚜ なぜ世界の「シンデレラ」なのか？

日本と東アジアの「シンデレラ」

一八九七年にマリアン・コックスの『シンデレラ』からはじまった「世界のシンデレラ」を求める旅は、アアルネやトンプソンの手をへて、一九五一年にはスウェーデンのアンナ＝ビルギッタ・ルースの『シンデレラ・サイクル』（*The Cinderella Cycle*）に受け継がれると話の数は、ほぼ倍増する。ルースは、コックスの分類を踏襲しながら、アアルネ・トンプソンの成果を取り入れ、A「一つ目、二つ目、三つ目」（AT511）、AB（511＋510A）、B「シンデレラ」（AT510A）、BI「ロバの皮」（AT510B）、C（AT511B）の五つのタイプに再分類し、シンデレラの成立過程をたどっていく。

ルースは、バルカン地方に分布する「シンデレラ」と「一つ目、二つ目、三つ目」の中間タイプ（AT511＋510A）に、アアルネとトンプソンがAT480に分類した「泉のそばで紡ぐ女」が強く影響して、最終的に南ヨーロッパで「シンデレラ」（AT510A）が誕生したと推理する。（A.- B. Routh,1951）

AT480というのは、グリム童話の「ホレ婆さん」でよく知られた話で、心の優しい娘は魔女から美しい宝石や宝箱をもらい、わがままな娘は口からヘビやガマガエルが飛び出す罰を受ける。

　ルースの推理は明晰で、とくに日本の民話研究者には分かりやすいはずである。というのは、日本の代表的なシンデレラ話「糠福・米福」は、まさにAT480とAT510Aの合体型だからである。東北地方を中心に全国に分布した話だが、たとえば秋田県鹿角郡には、おおよそつぎのような話が伝えられている。


　むかし、米ぶきと粟ぶきという姉妹がいて、米ぶきは先妻の子、粟ぶきは後妻の子だった。ある日、継母は、米ぶきにはやぶれた袋、粟ぶきにはよい袋を持たせ、栗拾いに行かせる。日が暮れても、米ぶきの袋はいっぱいにならない。

　山道に迷った二人は明かりを見つけ、山姥の家に泊めてもらう。山姥の息子の人食い鬼がやってくるが、山姥は二人をかばってくれる。やがて山姥は、頭のシラミを取ってくれと頼み、とってやった米ぶきは小さな宝箱をもらい、おそろしがって断った粟ぶきは豆をもらう。

　家にもどって、やがて祭りの日になる。継母は米ぶきに「篭でふろの水をくみ、粟を十石ついて

ギュスターヴ・ドレの「妖精たち」の挿絵（1867年）。泉や井戸は、ふしぎな世界の入口で妖精と出会う場所でもある。

江戸時代の『三草紙絵巻』に描かれた「鉢かづき」

おけ」といいおいて、粟ぶきを連れてでかける。米ぶきは、旅の僧の援助で水をくみ、雀の手伝いで粟をつくことができた。

それから、宝箱からきれいな着物を出して着がえて祭り見物に出かける。芝居の桟敷で粟ぶきを見つけた米ぶきは、まんじゅうの皮を投げてやる。

先に帰った米ぶきが、ぼろに着がえてはたらいていると、継母と粟ぶきがもどって祭りの話を聞かせる。

そこへ米ぶきを嫁にほしいという人がやってくる。継母は粟ぶきのほうを嫁にやろうとするが、相手は聞き入れず、米ぶきは宝箱からきれいな着物を出して、駕籠に乗せられて嫁に行く。

粟ぶきはうらやましがり「自分も嫁にいきたい」というが、だれももらいにこないので、母親が臼に乗せ、田の畦を引いていくと、ごろごろころがって二人とも田に落ち、つぶつぶと沈み、うらつぶ（宮入り貝）になってしまった。（関敬吾、一九七八、八六―八八頁）

この話の前半の〈山の中で、山姥にシラミをとってくれと頼まれて、米ぶきがシラミをとって宝箱をもらい、怖がってなにもできなかった粟ぶきが豆をもらう〉というエピソードは、AT480そのものだが、日本の話の場合は、継妹の粟ぶきが悪い娘ではなく、グリムの「ホレ婆さん」の場合のような善悪の明確な対立がない。

後半にも、「シンデレラ」のように華やかな舞踏会ではなく、せいぜい祭りの桟敷から芝居見物する程度だが、これが嫁取りのきっかけとなる。

日本はシンデレラの語りの豊かな国で、「糠福・米福」のほかにも、ヒロインが上手に歌を詠んで殿様の嫁になる「皿々山」や、美しい娘がカエルからもらった姥皮をかぶって婆さまになりすまし、やがて美しく変身して長者の嫁になる「姥皮」、そして「姥皮」の男性版「灰坊」などさまざまである。

これらの語りの物語化した記録は室町時代にまでさかのぼる一方、音声記録も含めたシンデレラ話の記録数は、おそらく世界一で、ギネスブックに載せてもよいほどである。また、日本の隣の韓国には「コンジ・パッジ」という二人姉妹型の「シンデレラ」がよく語られている。東アジアのシンデレラ・サイクルは質量ともにヨーロッパに劣らない。（崔仁鶴、一九七六、三二四―三二五頁）

ところが、ルースの『シンデレラ・サイクル』からは、東アジアの資料がすっぽり抜け落ちている。

ルースは、ヨーロッパの「シンデレラ」のルーツ探しには一定の成果を示したかもしれないが、世界の「シンデレラ」という視点からみれば、日本の研究者も、韓国の研究者も納得するわけにはいかないだろう。「シンデレラ」には、それぞれの話に地域や時代や語り手があり、「元祖シンデレラ」や「本家シンデレラ」がどれかを決めることには意味がない。

「シンデレラ」の豊かな世界

それでは、世界の「シンデレラ」を、集めたり、分類したりする「民話の国際比較研究」の目的はなんだろう。

それは、ひと言でいえば、世界中のシンデレラ話がもつ、独特のおもしろさの秘密を知るためである。

たとえばペローの「シンデレラ」は、十七世紀フランスのヴェルサイユの宮廷人が、サロンにつどう女性たちに語って聞かせたものであることは、すでに述べたとおりである。ペローの作品をよめば、当時のヴェルサイユのサロンにつどう男や女たちの世界観がよく分かる。また、当時のフランス社会の仕組みを知れば、ペローの「シンデレラ」のストーリー展開や細部の記述のあり方が見えてくる。

しかし、さらに国境や時代を越えて、これをバジーレやグリムと比較してみれば、ペローの作品やその時代背景、そして作者その人が、さらに深い奥行きと広がりをもって見えてくるだろう。そこに中国の「葉限」や日本の「鉢かづき」、さらにはディズニーの「シンデレラ」が加われば、思考の回路はもっと複雑になって、ペローのシンデレラのおもしろさは加速度的に高まっていく。

「シンデレラ」を語る・記録する

同じことが、「シンデレラ」の語りや記録という、民俗学研究の基本についてもいえる。たとえばデジタル・レコーダを携えて語り手を訪れ、「糠福・米福」の話を記録しようとする民俗学研究者は、いま語り手と聞き手とのあいだで語られている話が、以前に同じ語り手が語った「糠福・米福」や、さっき同じ地域の別の語り手が語った話と、どこが同じで、どこが違うかを知らなければ仕事にならない。

　聞き手の頭のなかにはできるだけ多くの、地域全体の「糠福・米福」や日本全国の「糠福・米福」の語りがストックされていて、その複雑な回路を慎重にたどりながら、目の前の語り手の語りに相槌をうち、話を紡ぎだす手腕が必要とされている。聞き手の視野がさらに広く、記憶のストックが国境や地域を越えて世界のシンデレラ・サイクルに至っていれば、記録の意味はさらに深化する。

14世紀の細密画に描かれた糸紡ぎ。糸を紡ぐ娘たちのまわりに若者があつまり、語りの場が開かれる。

　民話の記録者が、聞き手として、いま耳を傾けている「糠福・米福」は、まさにオンリー・ワンの一度限りの語りなのであり、その語りの面白さは、ほかのさまざまの「糠福・米福」の語りや、全世界に広がるシンデレラ資料と比べることで、はじめて明らかになるものなのだ。

　同じことが、語り手自身の側にもいえる。百話を越える話を自在に語るような、すぐれた伝承の語り手には、たとえば同じ「糠福・米福」を複数の語り手から聞いたうえで、独自の「糠福・米福」を語る人が少なくない。伝統的な語りの社会では、その地域に根づいた話があり、同じ地域の人であれば、誰でも「糠福・米福」を語ることがあるからである。すぐれた語り手は、同じ地域のさまざまの語り手の話に耳を傾け、同じ「糠福・米福」の話であっても、微妙な細部の違いをより分けて、独自の「糠福・米福」を紡ぎだすことが少なくない。

現在では、こうした伝承の語り手が影をひそめ、公民館や学校や保育園で語る「新しい語り手」がふえたが、彼らに関しても同じことがいえるはずである。

彼ら新しい語り手の語りの素材は、読書を通じて世界中に広がっている。たとえば、グリムの「灰かぶり」とジェイコブズの「い草のずきん」と韓国の「コンジ・パッジ」は、よく似ているけれども、少し違う。その差異と反復の微妙なズレを理解していなければ、よい語り手にはなれないだろう。どの話を語っても、いつも同じ調子でというのでは、聞き手に飽きられてしまうし、語り手自身も満足できない。できるだけ、たくさんの話に接して、話の背景となる地域や時代や語りの事情について知りたいと考えるはずである。そういう時に、民話の国際比較的な研究がストックした膨大な「シンデレラ」のアーカイブが役に立つはずである。

シンデレラ・モチーフのネットワーク

世界のシンデレラの「国際比較」を考えるうえで、もうひとつ大切なことは、シンデレラが、数ある民話のなかでも抜きん出てしっかりした構造をもつ話であるということだ。話の構造がしっかりしているから、話の細部が少しぐらい入れ替わっても、びくともしない。

シンデレラの母親が継母であっても、実母であっても、主人公が男であっても、女であっても、援助者が妖精でも、山姥でも、雄牛であっても、魚であっても、シンデレラは、どこまでもシンデレラなのである。

世界中には、いろんな細部をもったシンデレラが存在する。世界中のシンデレラをあつめて、細部の比較研究をすることも、民話の国際研究の大きな目的である。

たとえば、シンデレラという名前のことを考えてみよう。世界中には、〈シンデレラ＝灰かぶり〉という名前をもった主人公が登場する「シンデレラ」とそうでない「シンデレラ」がある。このうち灰にちなんだ名前をもつ主人公の「シンデレラ」は、大きく二つのグループに分かれるだろう。

ひとつは、母親や姉さんたちからいじめられて、いつも台所でかまどの灰まみれになっているかわいそうなシンデレラのグループである。もうひとつは、怠け者でいつも暖炉の灰のなかに寝転んでいるけっこう図太いシンデレラのグループである。灰が〈マイナスに作用するシンデレラ〉と〈プラスに作用するシンデレラ〉がいるということだ。

これをもう少し詳しく見ると、灰がマイナスに作用し、いじめられているタイプのシンデレラのお母さんやお姉さんは、継母や継姉妹で、そのためにシンデレラは孤立していることが多い。これに対して灰がプラスに作用している怠け者のシンデレラの場合は、お母さんやお姉さんは実母や実姉妹であることが多い。この場合のシンデレラが孤立しているのは、かわいそうな継子だからではなく、図太い怠け者で、他人のいうことをきかないからである。

世界中の民話には、シンデレラと同じように、母親を失って孤立している主人公の話がたくさんある。「白雪姫」も「ホレ婆さん」もこの系列の話だ。

その一方で、灰まみれの怠け者の系列の話も少なくない。たとえばロシア民話の「せむしの子馬」の主人公イワンは、働きもせずにペチカの上に寝転んでゴロゴロしているが、とつぜん起き上がって凄いことをやってのける。イワンが孤立するのは、やはり母を失ったためではない。図太い「怠け者」という、人とは違った資質をもったためである。

この図太い怠け者タイプの主人公なら、日本にも「桃太郎」というずば抜けたヒーローがいる。灰のモチーフがないのが残念だが、寝てばかりいる怠け者の主人公が鬼退治をするタイプの話が登場する。灰ではないが、炭を焼いてまっ黒けの「炭焼き長者」という、人並みはずれた主人公もいる。

南方熊楠は、「西暦九世紀の支那書に載たるシンダレラ物語」のなかで中国の「葉限」とポルトガルの「娘と魚」を紹介したあとで、援助者としての魚の問題に触れて、「按ずるに、古今魚類を崇め神とせる民族多し」として、世界中の魚の霊威に思いをはせている。

シンデレラは、世界中に広がるネットワークをもちながら、時にはその枠をこえて、ほかの話と結びつき、時には、語りという枠もこえて、語り手たちの信仰や世界観を表現することもある。シンデレラの国際比較は、以上のように、各地に広がるシンデレラのネットワークを明らかにすることによって、それぞれの地域の話をほかと比べて楽しんだり、独自の語りをみがいたり、新しく語りなおしたりすることに貢献する。また同時にAT510やAT511という話型グループの枠をこえて、ほかのタイプの話との相互関係を明らかにすることにも役に立つ。そして、さらには民話という枠も越えて、語り手や聞き手の信仰や世界観を明らかにすることにも役立つのである。

註

＊1　本書ではFolktaleの訳語として「民話」を採用するので、アアルネの『カタログ』の主要な三つの話型分類①Tiermärchen（Animal Tales）、②Eigentliche Märchen（Ordinary Folk-tale）、③Schwänke（Jokes and Anecdotes）に対して、①動物民話、②本格民話、③笑い話という用語を採用する。（　）内は、のちにトンプソンが*FF Communications* No.184で採用し

た英語による分類名。

＊2　アアルネもトンプソンも、「話型（Type/Tale Type）」と「モチーフ（Motif）」という用語は使用しているが、「エピソード」という用語は使用していない。しかし、実際の話の構成を検討すれば、すぐに気がつくとおり、「モチーフがいくつか集まって、一つのエピソード（あるいはシークエンス）を構成し、エピソードがいくつか集まって一つの話型が構成される」ことは明らかである。たとえばトンプソンは、AT510「シンデレラ」という話型を、Ⅰしいたげられたヒロイン、Ⅱ魔法の援助、Ⅲ王子との出会い、Ⅳ正体が知られる、Ⅴ王子との結婚、Ⅵ塩の価値という五つのパートに分けて説明しているが、この五つのパートは複数のモチーフの組み合わせから構成されている。したがって本書では、各話型のパートを構成するモチーフの組み合わせを「エピソード」と呼ぶことにする。「エピソード」は、原則として複数のモチーフによって構成されるが、時には単一のモチーフによって構成されることもありうる。

第Ⅲ章

ペローとグリムの「赤ずきん」　民話の構造研究

1 ✤ プロップの方法

ウラジミール・プロップ（一八九四―一九七三）が、『民話の形態学』を公表したのは一九二八年のことである。これはロシア・フォルマリスムの成熟期にあたる。プロップは、言語学者のローマン・ヤーコプソン、文芸批評家のシクロフスキーらとともに、この運動に深くかかわり、『民話の形態学』も、発表と同時にロシアの研究者たちのあいだで高い評価をうけた。[*1] しかし、一九三〇年代に入ってスターリン主義の圧力が強まり、革命の初期から絵画、音楽、演劇、建築などを率いてきたロシア・アヴァンギャルド運動が沈黙を余儀なくされて、社会主義リアリズムの時代がおとずれると『民話の形態学』も忘れ去られていく。

『民話の形態学』がふたたび脚光をあび、本格的な評価を受けるのは、一九五八年にアメリカで翻訳が出版されてからのことである。とくにフランスでの反響は圧倒的で、文化人類学者のレヴィ＝ストロースが、一九六〇年に「構造とフォルム、ウラジミール・プロップの著作への考察」という論考を発表すると（C. Lévi-Strausse, 1960, pp.1–36）、バルト、トドロフ、ブレモン、エーコなど当時の新進気鋭の文学研究者が、「コミュニカシオン」誌を中心に、つぎつぎと優れた論考を公表し、プロップの理論に言及しながら、いわゆる文学の構造主義を押し進めることになる。言語学の側からもA・J・グレマスの『構造意味論』『意味について』などが刊行され、『民話の形態学』は一挙に渦中の書となった。

プロップが『民話の形態学』で分析の対象としているのは、アファナーシエフの民話集のうち百篇ほどの魔法民話である。そして彼のすぐれた功績を民話学に限っていえば、この対象の限られた研究からすべての「魔法民話」を定義する普遍的な方法を見出したことにあるといえるだろう。

プロップは、これまでアアルネが行ってきたモチーフやエピソードなどを話の構成要素とする分類を排除し、かわりに「機能」という概念をおくことにした。そして話の地理的な広がりや伝播の歴史などに関する考察を一時遠ざけて、集められた民話をすべて同一平面上において機能を中心に整理することにした。

『民話の形態学』発表当時（1928年）のプロップ

プロップが、その研究を民話の「形態学」と名づけたのは、スウェーデンの植物学者リンネ（一七〇七―一七七八）が確立した植物分類学の影響からである。彼は、『民話の形態学』の冒頭でつぎのように述べている。

形態学という言葉が意味するのは、形（フォルム）の研究です。植物学の分野で、形態学が意味するのは、植物のさまざまな構成部分、構成部分相互のあいだの関係、そして構成部分と全体との関係にかかわる研究、つまりは、植物の構造の研究です。(V. Propp, 1970, p.6)

プロップがリンネから学んだことを、わかりやすく説明するために、カブとレンコンとジャガイモという三つの地下に育つ部分を食用とする野菜を比較してみよう。

この三つを比較すると、形のうえでは、レンコンとジャガイモよりも、カブとジャガイモのほうが似ているように思われるかもしれない。しかし、植物の全体を構成する組織としてはレンコンとジャガイモは茎が変形したものであり、カブは根だから、カブとレンコン・ジャガイモを比較しても意味はない。

茎という組織のあいだでは、レンコンはカンナの仲間の「根茎」、ジャガイモはシクラメンの仲間の「塊茎」に下位分類される。

植物を比較分類するためには、花や茎や葉や根などの基本的な組織の構成を理解し、つぎに花は花、茎は茎、根は根という構成要素ごとの比較を行うことが必要となるだろう。

民話を比較分類する場合にも、同じような作業が必要とされる。たとえば魔女や巨人や野獣のような物語の構成要素を互いに比較する場合にも、まずそれが話のどの部分に属しているかを理解してから比べないと意味がない。

魔女や野獣のようなふしぎな世界の住人は、おそろしい敵にもなるし、やさしい援助者にもなる。同じ魔女でも、話によっては「シンデレラ」の妖精のように援助者になる場合もあるし、「眠れる森の美女」のようにおそろしい敵になるかもしれない。同じ野獣でも「美女と野獣」のように最後は美しい王子に変身する野獣もあれば、ヒーローに倒されて敢えない最後をとげる野獣もいる。

問題は、それらの魔女や巨人や野獣が、物語の全体のどの部分に登場して、どんな役割を果たすかなのだ。ただ魔女や巨人や野獣を比較してみても、物語全体の構造との関わりが明らかにならないかぎり意味がない、というのがプロップの考えの大概である。

プロップは、実際にこの形態学という視点を民話に適用して分析を進め、つぎの四つのことを指摘した。

まず、一番目の指摘は、魔法民話の基本的な構成要素が「機能」と呼ばれるということである。ここで、「機能」というのは、登場人物の行為のことだ。

プロップによれば、機能は、物語の筋の展開のうえで当該の行為がどういう役割を果たしているかによって決定され、機能の決定に際して、当該行為の主体が誰であるかとか、行為の対象がなんであるかということは問題にされない。

プロップが分析の対象としたロシア民話によく登場するイワンという主人公が、ドラゴンを殺すという行為を例にとってみよう。

この行為は、機能という視点から見ると、〈主人公（＝イワン）が敵（＝ドラゴン）を倒す〉とい

イヴァン・ビリビンの描く火の鳥（1899年）。「せむしの子馬」の主人公イワンは、火の鳥を求めて冒険の旅に出る。

う風に分類される。

そして「主人公が敵を倒す」という機能は、普遍性をもっているから、ロシア民話だけでなく、世界中の魔法民話に適用される。

たとえば、これが日本の民話で、主人公のイワンにかわって力太郎が登場し、殺される敵がドラゴンから人食い鬼に変わっても、「力太郎が人食い鬼を退治する」という行為は、「主人公が敵を倒す」という機能に分類される。グリム童話の「ヘンゼルとグレーテル」で、兄妹が力を合わせて魔女をやっつけるのも〈主人公が敵を倒す〉である。

イワンがドラゴンを退治するのと、力太郎が鬼をやっつけるのと、ヘンゼルとグレーテルが魔女を焼き殺すのは、〈主人公が敵を倒す〉という同じ一つの機能にまとめられる。

プロップが、つぎに指摘したのは、こうした魔法民話の機能の数が限られているということである。一つの民話にすべての機能がいつも揃っているわけではないが、アファナーシエフの民話を検討した限りでは機能は三十一に限定される。

少し長くなるが、この機能をつぎにプロップのつけた記号と一緒に紹介してみよう。

まず、ギリシャ文字が割りあてられたはじめの状況（α）とそれに続く七つの機能が、物語の予備段階として登場する。

〔はじめの状況（α）〕、①年長者の不在（β）、②禁止（γ）、③禁止の侵犯（δ）、④加害者の質問（ε）、⑤情報の提供（ζ）、⑥謀略（η）、⑦主人公の協力（θ）

つぎに、ラテン文字の加害行為（A）または欠落（a）にはじまり結婚（Wo）にいたる物語の中心部分が展開する。

⑧加害行為（A）、または欠落（a）、⑨仲介（B）、⑩反撃のはじまり（C）、⑪主人公の出発（↑）、⑫魔法の手段の贈与者の最初の機能（D）、⑬それに対する主人公の反応（E）、⑭魔法の手段を手にいれる（F）、⑮主人公の移動（G）、⑯加害者との闘争（H）、⑰主人公が印を受ける（I）、⑱勝利（J）、⑲加害行為または欠落の解消（K）、⑳主人公の帰還（↓）、㉑主人公が追跡される（Pr）、㉒助かる（Rs）、㉓主人公がこっそり到着する（O）、㉔にせの主人公がうその主張をする（L）、㉕難題（M）、㉖難題の解決（N）、㉗主人公が識別される（Q）、㉘にせの主人公の発覚（Ex）、㉙主人公の変身（T）、㉚処罰（U）、㉛結婚（Wo）*2

プロップの三番目の指摘は、以上の三十一の機能の展開には一定の順序があるということである。ロシア民話にかぎらず、世界中のどの民話にも、三十一の機能を全部そなえた話などは存在しない。どの物語も物語ごとに話の面白さのツボが違うから、ある機能の語りに力を入れて繰り返したり、ほかの機能をないがしろにして、時には省略してしまうこともしばしばある。しかし、機能の展開の順序の厳密さは伝承の語りの特質であり、後に新しく作られた、たとえばアンデルセンなどの作家による創作童話とは、性格を異にする。

そしてプロップの最後の指摘は、すべての魔法民話は、その構造からいうと一つのタイプから成り立っているという驚くべきものである。

プロップは、民話研究のモデルとしてリンネの形態学をおいた時、少なくとも「魔法民話」と呼ばれるものには複数のタイプがあると想定していたはずである。しかし研究の結果、そのような複数のタイプは存在しないと結論した。

プロップは、以上の四つの指摘をふまえて、「魔法民話」をつぎのように定義しなおした。

> 魔法民話というのは、すでに述べた機能がさまざまの形で、正しい順序をもって展開される物語である。その際、いくつかの話では特定の機能が抜けおちたり、またほかの話ではそれが繰り返されたりすることがある（……）形態学的にいえば、加害行為（A）もしくは欠如（a）が中間諸機能を経て、結婚（Wo）もしくは終局として用いられるほかの諸機能（F、K、Rs等）に至るあらゆる発展を魔法民話と呼ぶことができる。（V. Propp, 1970, p.122）

「魔法民話」をこのように定義すると、「魔法」というキーワードが、意味を失うだけではなく「動物民話」「本格民話（魔法民話）」「笑い話」という枠組みも用をなさなくなる。というのは、たとえば、〈主人公が敵を倒す〉という機能が、これまで動物民話とされた「狼と七匹の子山羊」にも「ブレーメンの音楽隊」にもあてはまるからである。

そして、〈加害行為（A）もしくは欠如（a）が中間諸機能を経て、結婚（Wo）もしくは終局として用いられるほかの諸機能（F、K、Rs等）に至る発展〉は、民話という枠を越えて、神話や叙事詩や、さらには小説や詩など、ありとあらゆる物語に見られるので、「民話とはなにか」という問いは「物語とはなにか」という問いに発展していく。

「民話の形態学」のもつ、こうした普遍性は、おそらくプロップの予想を越えるものであったに違いない。

そこで、ここでは問題を民話にかぎり、プロップの考えをペローとグリムの「赤ずきん」という具体的な話にあてはめながら、それが民話の研究にとって、いかなる役割を果たすかを考えてみよう。

2 ⚜ 「赤ずきん」の形態学

民話に親しんだ大人や子どもなら誰でもよく知っているように、「赤ずきん」にはペローとグリムの二つのヴァージョンがある。

ペローの話も、グリムの話も、主人公は赤いずきんをかぶった女の子であることに変わりはないが、ペローのヴァージョンでは女の子は狼に食べられておしまい。これに対してグリムのヴァージョンでは、おなじみの狩人が登場して、狼のお腹をきって、赤ずきんとお婆さんを助け出す。

この二つの話をめぐっては、「ペロー・ヴァージョンが先か?、グリム・ヴァージョンが先か?」というオリジナル探しのほかに、「赤ずきんが狼のお腹から元気でとびだしてくるのは、狼が赤ずきんを丸のみにしたからか?」という子どもむけの質問や、そもそも「赤ずきんを食べちゃう〈狼〉って、なに?」という大人むけの質問とか、楽しい謎解きの宿題があるのだが、そのまえに、まず二つの話の「構造的な差異」について学ぶことからはじめよう。

まずは、最初の赤ずきん、ペロー・ヴァージョンからである。プロップだったらどう機能分析するのだろうか、澁澤龍彦の名訳(ペロー、一九七三)で、お話を読みながらおさらいしてみよう。

昔々、あるところに、それはそれは可愛らしい、村の女の子がありました。お母さんも、この子を大そう可愛がっておりましたけれども、おばあさんときたら、それこそ目の中へいれても痛くないといった可愛がり方でした。このおばあさんが、女の子のためにつくってやった、小さな赤いずきんは大そうよく似合いましたので、女の子はどこへ行っても「赤ずきんちゃん」と呼ばれるほどでありました。

これは典型的な「はじまりの状況」（α）である。民話のこの部分は、あくまで「状況の提示」にすぎず、「行為」ではないから、プロップはこれを「機能」のうちにはふくめない。しかしあらゆる物語のはじめには、主人公の家族構成や、名前の由来、幸せか不幸かという暮らしの状態など、これからはじまる語りの世界を紡ぎだす「状況提示」（α）が不可欠である。

ある日のこと、お母さんがビスケットを焼きながら、女の子にこう言いました。
「話によると、近ごろ、おばあさんはお加減がわるいそうだよ。お前、ひとつ、お見

1697年版「赤ずきん」の口絵

舞いに行ってきておくれ。わたしが焼いたビスケットと、このバターの壺をもってね」

ギュスターヴ・ドレの描く赤ずきんと森の狼（1867年）

少し奇妙な印象を与えるかもしれないが、これは主人公に対する「禁止の機能」（γ）のヴァリアント「提案」（γ^2）である。

「禁止の機能」（γ）は、ふつう「年長者の不在の機能」（β）とワンセットになっている。たとえばグリムの「狼と七匹の子山羊」では、母さん山羊が家をでるときに「けっして扉を開いてはいけないよ」といいのこす。これは、子山羊たちをまもる母さん山羊（年長の保護者）がいなくなると、幼い子山羊たち（主人公）がとり残されて、ピンチにおちいるという定番の設定である。

赤ずきんの場合、禁止がないが、かわりにお母さん（年長者＝保護者）が、赤ずきん（年若い主人公）に「危険な森をとおって届け物をするように」と主人公に命令する。おかげで、年長者の保護を失った主人公は危険にさらされる。この「提案＝命令」（γ^2）は、「禁止」（γ）と同じ機能をもつ。

そこで、赤ずきんちゃんは、隣の村に住んでいるおばあさんのところへ行くために、さっそく家を出たのでありました。

赤ずきんは、お母さんに命令されると、素直にそれを実行する。これは、「禁止の侵犯」（δ）と同じ機能をもつ「命令の実行」（δ2）である。「禁止」と「禁止の侵犯」の機能は対になっている。「狼と七匹の子山羊」の場合、母さん山羊が「扉を開けてはいけないよ」というと、子山羊はかならずその禁止をやぶって、扉を開けてしまう。

「赤ずきん」の場合には、お母さんが命令する（γ2）と、赤ずきんは必ず命令を実行して（δ2）、その結果、ピンチにおちいる。

森の中を通っていると、赤ずきんちゃんの目前に、狼のおじさんがひょっこりあらわれました。狼のおじさんは、女の子を食べたくてたまらなかったのですけれども、森のなかには、幾人かのきこりが働いておりましたので、おいそれとは食べられないのでした。そこで赤ずきんちゃんに、「どこへ行くのかね」と声をかけたのです。

これは「加害者の質問」（ε）である。赤ずきんを食べたくてたまらない狼は、主人公に下心をもって近づき、どうしたら獲物が手に入るか、情報を手にいれようとする。

森の中で狼などと話していては危険なのですけれども、赤ずきんちゃんは、そんなことには少しも頓着しなかったので、こう答えました。「おばあさんのお見舞いに行くのよ。お母さんの言いつけで、このビスケットとバターの壺を届けにね」

「おばあさんのおうちは遠いのかい」と狼がききました。「ええとても遠いのよ」と赤ずきんちゃんは答えました。

「ほら、あそこに風車小屋が見えるでしょ、あの風車小屋のずっとむこうなの。村にはいって、最初のおうちよ」

これは「情報の提供」(ε)の機能。森のなかで狼と話をしてはいけないのだけれど、赤ずきんはまんまと狼の罠にかかり、必要な情報を提供してしまう。魔法民話の加害者は、情報を十分に手にいれ、周到に罠をはる。

「そうかい。そうかい」と狼が言いました。そんなら、わしもお見舞いに行ってやろう。わしは、こっちの道を通って行くとしよう。お前さんはあっちの道を通って行くがよい。どっちが早く着くか、まあ、やってみようじゃないか。

これは、「謀略」（η）の機能。加害者は、いろんな手を使って相手をだましにかかる。狼は赤ずきんに遠回りの道を教え、自分はさっさと近道をして、時間をかせごうとする。

そう言うと、狼は近い方の道を、一目散に駈けて行ってしまいました。女の子の方は、遠い方の道を、てくてく歩きだしたのですけれども、途中で榛《はしばみ》の実をひろったり、蝶々を追いかけたり、花をつんで花束を編んだりして、さんざん道草を食って遊んでいたのでありました。

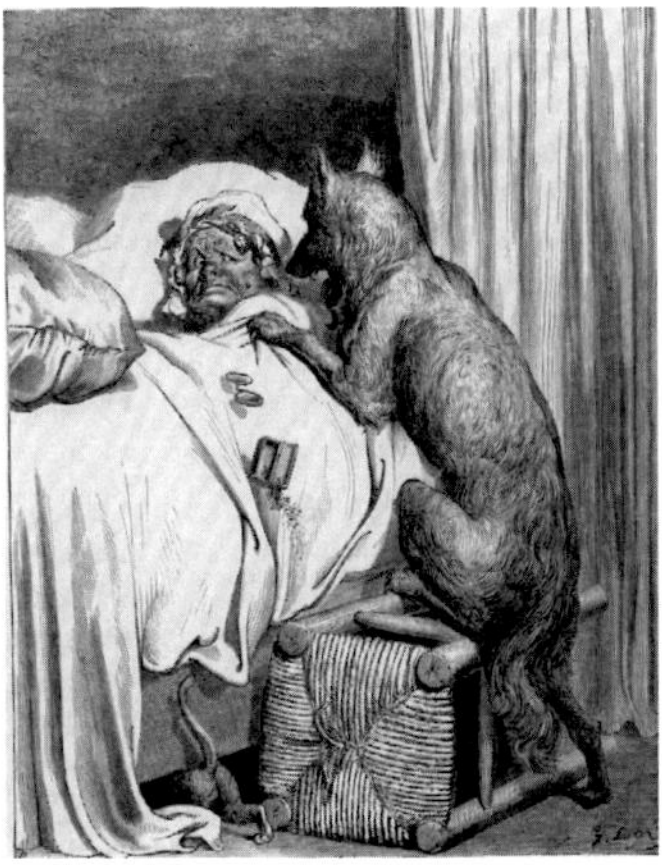
おばあさんを襲う狼（ギュスターヴ・ドレ、1867年）

主人公の協力（θ）。犠牲者は、だまされて心ならずも敵に力を貸す（θ1）。赤ずきんは、狼の誘いにのって遠い方の道を選んだばかりか、花まで摘んで道草を食ってしまう。民話の主人公は、かならず加害者の謀略（η）に答えて、協力（θ）し、決定的な加害行為（A）を引き起こす。

さて話の機能分析は、ここまでは順調に推移した。アファナーシエフを素材としたプロップ自身の分析も、これほどスムースに展開する例はまれである。

しかし話の流れは、この予備的段階を終わったところで急変する。狼は、この後すぐにおばあさんを食べ、つぎに赤ずきんを食べて、話が終わってしまうのである。この部分は話のクライマックスだから、ペローはきわめてたくみに語ってはいるが（したがって分量もかなり多いが）、機能としてはの加害行為以外にはほかのいかなる機能もみあたらない。

しかし機能Aは、予備的部分を終えた話がこれから物語本来の機能を展開させる端緒にすぎない。もし話がここで終わってしまうと、プロップの考えた魔法民話の仲間に「赤ずきん」を入れることができなくなる。魔法民話として「赤ずきん」を成立させるためには、機能Aのすぐあとにでも結婚（Wo）か、それに類するめでたい結末の一つがこなければならない。話が、このままで終わってしまうと、「赤ずきん」は、プロップの方法にとってつまずきの石となるだろう。いくらプロップの魔法民話の定義がよくできていても、その定義に従って「赤ずきん」を民話の仲間からはずしてしまっては、ダメージが大きすぎる。

しかし非常に好都合なことに（そして誰でもすぐ気がつくことだが）、「赤ずきん」の読者には、時代は少し下るが、もう一つの正統的なグリムの「赤ずきん」が用意されている。このヴァージョンでは、赤ずきんはめでたく助け出されて終わる。

そこで、ひきつづき金田鬼一訳の岩波文庫を用いて、急遽ペローにグリムのヴァージョンをつぎ木し、機能分析をつづけてみよう。

狼は食べたいだけ食べて、おなかのむしが、ぐうぐういわなくなったので、またねどこへもぐりこむと、そのままねこんでしまって、ばかばかしく大きないびきをかき出しました。

これは、プロップのいう仲介（B）の機能である。民話の世界で、なにか悲劇的な事件（加害行為Aあるいは欠如a）がおこると、それがなんらかの形で世間に広まり、主人公の知るところとならなければいけない。主人公は頼まれたり、命令されたりして、事件の解決のために出発する。この場合には、不幸な事件を主人公に告げるのは、狼のいびきである。

おなじみのかりゅうどが、そのときちょうどこの家のまえをとおりあわせて、「ばあさまがべらぼうないびきをかいているぞ、どうかしたのじゃないか、みてやらずばなるまい」とかんがえました。

こうして、主人公の反撃（C）がはじまる。主人公である探索者は、事件をかぎつけて、行動に踏みきる。「赤ずきん」の主人公は老練な狩人である。彼は、森にひそむ獣の気配や、変わりやすい風のうごきを読み取るように、小屋のなかの異常に心をとめる。

そこでおへやへ入って寝台の前へ来ると、

主人公の出発（↑）。

この機能はあまりに短いので、見落としかねないほどである。しかし民話の主人公は、かならず平穏無事な日常世界を捨てて、冒険に満ちた戦いの場に足を踏み入れなければならない。赤ずきんの場合には、大きな人食い狼の眠る小屋こそが、主人公の主戦場なのである。

かねて目をつけてる狼が、ふとんにくるまってるのがみえました。

「こんちくしょうめ、こんなところにいやがる。ながいことさがさせやがったわい」

かりゅうどはこう言って、鉄砲をほっぺたへあてて狙いをつけようとしましたが、そのとき、狼のやろう、ばあさまをたべたのじゃないかな、それに、まだ命がたすかるかもしれないと思いついたので、鉄砲をうつのはやめにして、はさみを手にとって、ぐうぐうねている狼のおなかを、じょきじょき切りはじめました。

これは、勝利（J）の機能だと考えてよい。勝利は、ふつう加害者との戦い（H）と対になっていて「戦い」の結果としてもたらされる。「赤ずきん」の場合には、狼と狩人との戦い（H）がない。これは「勝利」（J）の機能のうちの一形態「敵は戦わずに殺される」（J5）に属すると考えるのがよいだろう。狼は、不覚にも寝こみをおそわれて死ぬのである。

二三べん切ったら、目のさめるようなまっ赤なずきんが見えました。それからまた二三べん、じょきじょきやりましたら、女の子がとびだして、

「ああ、びっくりしたこと！　おおかみのおなかんなか、まっくらなのねえ」と、大きな声をしました。

それから、そのつぎには、としとった赤ずきんのお祖母さんもおなかから出てきました。おばあさんは、生きてはいましたが、呼吸もたえだえでした。

ここで、加害行為が解消される（K）。これは、話の発端の「加害行為」（A）と対をなす機能である。狼に呑みこまれてしまったヒロインは、ヒーロー（狩人）によって、加害者（狼）のお腹のなかから助け出される。

これによって、話は大団円をむかえる。「赤ずきん」の場合は、狼に食べられてしまった赤ずきんとおばあさんが、狼のおなかのなかから生きて出てくる。

それはそうと、赤ずきんは、大きな石っころをいくつも、いくつも、すばしこくもってきて、みんなでそれを狼のおなかのなかへ詰めこんだものです。

狩人が活躍するアルパート・シュミットハマーのドイツ版「赤ずきん」(1910年)

おおかみは目をさまして、一足とびに逃げだそうとしました。けれども、おなかの石ころが重たいので、すぐべたべたと倒れて、死んでしまいました。

これは、狼に対する「勝利」（J5）の機能の完結部であるが、同時に「処罰」（U）の機能ととることもできる。

一般に機能Uは加害行為が解消したあと、主人公の手柄を奪うニセの主人公が登場して、もう一度ヒーローやヒロインをピンチにおとしいれる場合にあらわれるが、「赤ずきん」には、こうしたプロセスはない。しかし狩人だけではなく赤ずきん自身が、加害者である狼を最終的に倒し（J5）、処罰を加える（U）点が、この話の大きな特徴となっていることはたしかである。

これをみて、三人ともまずこれでいいと安心しました。かりゅうどは狼の毛皮をはぎとって、それをおみやげにもってかえりました。おばあさんは、赤ずきんちゃんのもってきてくれた上等のお菓子をたべたり、ぶどう酒を飲んだりして、元気をもりかえしました。それから、赤ずきんは、「おかあさんがいけないとおっしゃるのに、じぶんひとりで森のわきみちへはいりこむようなことは、しょうがい二度とふたたびやるまい」とかんがえました。

狩人は狼の毛皮を得て、おばあさんは元気になり、赤ずきんちゃんはよい子になる。この物語の終わりに結婚（Wo）はないが、主人公たちはみな、なにかよいものを手にいれている。プロップの機能（Wo）のヴァリアント（異本）の一つには、「主人公は王女を手にいれるかわりに金銭やほかの形で償いを受ける」（W3）がある。「赤ずきん」の結末はこの機能に属すると考えてよいだろう。さらにいえば、ぶどう酒や上等のお菓子について語るくだりはどこか結婚式のはなやいだ気分を思わせないこともあるまい。

さて以上の結果をペローからグリムへとつないで図式化するとつぎのようになる。

ペロー：α　γ^2　δ^2　ε　ζ　η　θ1　A
グリム：B　C　↑　J5　K　（U）　W3

これならばプロップの意図にかなう立派な魔法民話である。しかしこれはあくまで、ペローの「赤ずきん」にグリムの話をつぎ木した場合なのであって、ペローの話には依然としてB以下の機能が欠如している。とすればグリムの民話が、その年代的な関係にもかかわらず、「赤ずきん」本来の姿であって、ペローの版は十七世紀好みの文学的潤色にすぎないのだろうか。ペローは、サロンの女性たちの好みにあわせて、本来の話の後半部を削りとってしまったのだろうか。

これは大いにありそうな仮定である。ただ記録の年代が古いからといって、古いものが必ず民話の原型をとどめているとは限らない。そして民話の記録にあたってのグリムの態度はきわめて慎重であり、集められた話も素朴な語りの味わいを残している。これに対してペローの話は、まさにヴェルサイユの貴婦人むけに書かれたものであって、言葉の一つひとつが選びぬかれている。

ペローが先か、グリムが先か。プロップの提起した機能の問題をまつまでもなく、これは民話研究者たちのあいだで大きな関心をひきおこした。それ故、私たちはひとまずプロップ式の構造論の時代を超えた共時的地平を去って、もう一度、アアルネが手がけた民話の地理歴史的研究という通時的地平の探究に目をうつし、ポール・ドラリュやマリ＝ルイーズ・トゥネーズのカタログやマルク・ソリアノの研究を手がかりに、赤ずきんのオリジナルの問題を考えてみよう。

3 民話の地理・歴史学

フランスのペロー研究のうち近年の最大の成果はマルク・ソリアノの『ペロー民話集――知識人の教養と民衆の伝承』（*Les Contes de Perrault, culture sarante et traditions populaires*）（M. Soriano, 1968）だろう。ガルニエ版のペロー民話集を編集したG・ルージェも、いくつかの批判点を示しながらも、この研究を高く評価している。

「グリムが先か、ペローが先か」この点については、なんのためらう余地はないとソリアノは考える。ペローの「赤ずきん」は、間違いなく民話の語り手から直接に記録されたものである。「赤ずきん」以外のペローの作品については、「眠れる森の美女」や「シンデレラ」にしても、たとえば『ペンタメローネ』などの先行作品があり、オリジナルからの潤色が取り沙汰される。しかし「赤ずきん」については一六九七年にペローが発表するまで、文学作品にとり上げられた形跡はない。ペローみずからが「がちょうおばさん」とよんだ語り手から直接「赤ずきん」のお話を聞き取ったというのは、大いにありうる話である。

とはいえ、それ以前に文字に移されたものがないからといって、ただちにペローの話をオリジナルであると考えるわけにはいかない。彼が「がちょうおばさん」の話を一切変更しなかったという保証はなに一つないからである。彼がその文学的趣味から、問題の後半部分をすべて捨象してしまったのではないかと仮定する事も可能である。

そこでペロー版「赤ずきん」の民話としての純粋さを証明するためには、今日も口伝によって生きているオリジナルの語りの形態とペローの作品とを比較することが必要となってくる。そしてこの作業は、非常に困難なものとなった。つまり、ペローの「赤ずきん」があまりに有名になりすぎてしまった結果、フランス全土に普及して、各地にそれぞれ伝えられているはずの、さまざまの「赤ずきん」を駆逐してしまった可能性が指摘されるからである。一六九七年から今日に至る三百年ものあいだに、ペローの作品がどれほどの影響をフランスの子どもたちや語り手に与えてきたかは想像にかたくない。
この困難な作業から一つの立派な結論を導き出したのは、ポール・ドラリュである。彼は、アアルネの地理歴史的な方法やトンプソンの仕事によって蓄積された手堅い研究方法を踏襲しながら、そこにみずからの工夫を加えて、まだ今日のようにマス・コミュニケーションの発達していなかった時代に記録された三十五話の「赤ずきん」を比較検討する作業を開始した。(P. Delarue, 1957)

その結果二十話は、まったく活字の影響を受けておらず、ほかの二話はペローの話を下地にしながら語りの伝統的な形式にもどったものであると結論するに至った。残りの十三話は、その中間形態であった。

さらにこの結果を地域的に検討すると、活字の影響を受けていない話と中間形態の話は、フランスを東西に横切る地帯に語りつがれたもので、ロワール渓谷、アルプス北部に多く、北イタリアやチロル地方にも類話が多かった。そしてこれらの伝統的な話を読み比べてみると、そこにはペローの作品に見られないいくつかの共通した特徴があった。

十七世紀に語られていた「赤ずきん」に、これらの特徴が欠けていて、後にそれが付け加えられたとは考えにくい。したがって、ペローは「がちょうおばさん」からこれを聞きながら、なおかつ自分の作品から意識的にこうした特徴を排除したのである。それはおそらく問題の部分が、当時の宮廷やサロンで文字にして語るにはあまりに慎みを欠いていたためであろう。

しかしこれらの文学的な変更を除けば、ペローの話は大筋において十七世紀後半にフランス各地で語られた話の原型をとどめている。これは、ペローの話と原型的な話との細部を比較することによって、もとめられた結論である。

ただ、このようにしてペローの「赤ずきん」の大まかな正当性がたしかめられたとしても、ペローの話とグリムの「赤ずきん」との関係の問題は依然として残されている。「グリムが先か、ペローが先か」という謎の解決のためには、さらにグリムに対してペローの場合と同じような検討を重ねる必要がある。ドラリュはペローとグリムを比較して、この点についても細かい検討を行っている。

> グリムの話は、注意深く両者を比較し、事実とつき合わせて見ればわかるとおり、ペローの話から由来している。グリムの作品は、ペローの作品と同じ細部をもち、同じように潤色されながら、それがいっそう巧妙さを増すとともに、両者に共通の欠如部分をもっている。(P. Delarue, 1957, p.381)

ドラリュの推理はこうである。ペローは「赤ずきん」を書きながら、文学的な配慮によってオリジナルの民話からある部分を排除した。したがってもしグリムの話が、ペローの話と同じ欠如部分を有していれば、グリムの話はペローの話の再話となる。

カール・ファーリンガー（1874–1952）の絵本「狼と七匹の子山羊」

このドラリュの判断は妥当であろう。そしてこの記述のあとに、よく知られた史的事実の紹介が続く。

　グリムはフランス系のドイツ女性から、この話を聞いているのだが、彼女はフランスとドイツの両方の伝承を混同して記憶している。彼女は姉とともにペローのほかの話を三つと、オーノワ夫人の話を一つグリム兄弟に語り、『グリム童話集』の第一版に収録されたが、第二版以降それらは削除されている。『赤ずきん』の話が残されたのは、結末がペローのものと異なっていたために、独立の話だと信じられたからであろう。しかしこの結末は、『狼と七匹の子山羊』のドイツ語ヴァージョンの影響である。（P. Delarue, 1957, p.3）

そして最後に、ペローの場合になされたのと同じようなオリジナルの調査が行われる。

　幾世代にもわたって、ほとんどのドイツ人たちは子どもの頃からグリム兄弟の民話集に収められた美しいお話を知っていた。しかし「赤ずきん」のお話はドイツの伝承のうちには存在しないのである。（たった二つの話だけが、今日までドイツで収録されているが、それは二つともグリムから

由来したものなのだ。）（P. Delarue, 1957, p.381）

つまり「赤ずきん」のお話は、グリム以来ドイツにすっかり定着して、ドイツの津々浦々で語りつたえられることとなった。しかし、ドイツの伝承のうちに、その原型となった話を見出すことは不可能なのだ。（P. Delarue, 1956–1963）

グリムの話はしたがってフランスの話の再話である。ペローの話を原型とするタイプの話にドイツの伝統的な民話「狼と七匹の子山羊」の結末がつぎ木されたのである。

そして私たちは、ここでふたたび最初の疑問に送り返されることになった。プロップの定義に従えば、魔法民話とは加害行為（A）にはじまり結婚（Wo）に終わる話であるのに、ペローの「赤ずきん」にはWoの機能がない。グリムの版にはこの機能があるが、オリジナルはペローの話の方である。不幸が告げられ、そのまま終わってしまうような話を、果して民話と呼ぶことができるのだろうか。

プロップと違って形態学の立場に立たないドラリュやソリアノにとってもこれは大きな問題であった。それはただ単に「赤ずきん」が、ペローの童話集のなかで唯一のアンハッピー・エンディングの童話であるためだけではなく、すべての民話を調べても不幸が不幸のまま終わってしまう話は数少ないと思われたからである。

ドラリュはこの点に触れて、つぎのように述べている。

これらの話は、子どもたちを危険から守り、あぶないことをさせないように導くためにある。たとえば水辺や森や刈り入れの畑に一人で出かけてはいけない、夕方遅くなってはいけない、知らない人に扉を開くななどという警告である。(……)ペローの「赤ずきん」も本来は子どもに森の一人歩きを禁じるための話であった。森は何千年も前から狼たちの跋扈する場所であった。母親も子どもたちにそれを言い聞かせていたはずである。(P. Delarue, 1957, p.3)

ドラリュとソリアノは、このタイプの民話には不幸な結末が必要であると考えた。子どもたちの共感を呼ぶものが不幸な目に遭い、死ななければならない。ソリアノは、このテーマが普遍性をもつものとして、ドーデの「スガンさんの山羊」の例をあげている。この話は民話ではないが、民話の普遍的テーマを生かしたものとして絶好であるとみたのである。物語の主人公の山羊(ブランケット)は、温厚な飼い主(スガンさん)のいうことを聞かずに野山に飛び出し、狼に会う。狼に対する小さなかわいいブランケットの勇敢な戦いは読者の共感を集めるが、彼女は死ななければならない。読む者が彼女に同情し、なおかつその死を無益なものと思い、「森(または世間)は危険である」という教訓を手にいれるためである。

ペローの「赤ずきん」もこれと同じ効果をもつというのがソリアノの意見である。十七世紀には、まだ森を一人で歩くことは、たしかに現実的な危険をはらんでいた。また町や宮廷には森とは違った種類の狼が沢山いたというのである。

しかしドラリュとソリアノのこの解釈は、必ずしも私たちを納得させるものではない。教訓譚が必ず不幸に終わらなければならないという設定自体が、充分ではないのだ。ペローの話のなかから一つ例をとって説明すれば、「青ひげ」はたしかに「赤ずきん」と同じ種類の教訓を含んでいる。主人公の青ひげは若い娘にとって最も危険な「狼」であり、赤ずきんのようにかわいくて冒険好きの女主人公は、危険におちいり、あわやという目に遭う。しかし結局青ひげの思惑ははずれて、彼女は助け出されてしまう。

実際の狼の危険をあつかった例をあげよう。「狼と七匹の子山羊」の場合がこれにあたる。この話は、ドラリュのいう「知らない人に扉を開けてはいけない」という教訓も含んでいる。ここでも、一旦は加害行為が行われるが、終わりには不幸が取り除かれる。

このようにいくつか民話を検討してみると、聞き手になにか危険の存在を教えようとする話でも、必ずしも不幸な結末に終わらないことがわかる。したがって教訓の必要性からでは、ペローの「赤ずきん」の不幸な終わりを説明することができないのだ。

さらにもう一つソリアノのこの説明をくつがえす事実がある。すなわちドラリュの集めた口承の「赤ずきん」の話のなかにも、ハッピー・エンディングの結末をもつものが存在するのだ。ただし、その結末はグリムのものとは違う。その結末というのは、「娘は、狼がおばあさんに化けていることに気づき、口実をもうけて外に出る。狼は、その時ひもで娘をつないでおくのだが、娘は外に出るとひもを解いて逃げてしまう」というのである。ドラリュによれば、この結末はトゥーレーヌやアルプスからイタリア、チロルにかけて分布しているものらしい。

とすれば、今のところ、このタイプの「赤ずきん」がオリジナルなのか、結末だけつぎ木された派生態なのかは明確ではない。しかしこの話はすでに十七世紀末には知られていただろうから、ペローがハッピー・エンディングの「赤ずきん」にも出会っていた可能性はおおいにある。

しかしペローはこの解決をとらなかった。それはなぜか。不幸な結末の話に比べて、このタイプの話が民話として不純に見えたからであろうか。あるいは文学的に価値が低く見えたからだろうか。「赤ずきん」を語るペローの口調はたしかに、こわい話をつくろうとする意図が感じられる。不幸な結末の選択は、この残酷趣味のなせる業であろうか。

答えはそのいずれでもあり、いずれでもないように思われる。しかし少なくとも、民話の地歴史的研究が明らかにしたことが一つある。それは、民間に流布していた「赤ずきん」には不幸な結末で終わるものがあり、ペローは自分の『民話集』にこのタイプの話を選び、かなり忠実に再現したということである。そしてグリムの話よりペローの話の方が、歴史的には民話として真正なかたちを示しているのだ。

4 ⚜ 夢と象徴言語

「赤ずきん」の不幸な結末はソリアノにしたがえば、子どもに狼の危険を教えるための配慮の結果であった。すでに述べたように、私たちはこの説明を充分説得力をもったものとして受け入れることはできない。しかし、物語の結末が不幸に終わろうが終わるまいが（ペローの場合でもグリムの場合でも）、「赤ずきん」が危険に対する一つの教訓を含んでいることは事実である。いずれの場合も、赤ずきんは「狼」に気をつけなくてはいけないのだ。

この場合「狼」は、すでに述べたように二重の意味をもっている。一つは本物の危険な狼である。物語の発生したと思われる中世紀に、狼による被害が日常のものであったことは疑うべくもない。子どもたちにとっても、大人たちにとっても一人で森を歩くことは等しく危険であり、毎年少なからぬ人々が狼におそわれて命をおとしていた。

しかしペローがこの物語を書いた時代には、狼はもう一つの意味をもっていた。十七世紀のフランスでは森の狼もおそろしかったが、町の狼もそれにおとらず危険な存在であった。ペローも充分それを意識して、一つひとつの話の最後に付ける教訓のなかでこう語っている。

もっとも一口に狼と申しましても、いろいろ種類がありまして、牙をかくし、御機嫌とりの、甘い言葉をささやきながら、若い娘の後をつけまわし、こっそり家の中まで、寝室まで、押し入ってくるような抜け目のない性質のものもある。いろいろ種類のあるなかで、この甘ったるい狼ほど、危険なものはないのです。（ペロー、一九七三、三二頁）

ペローの「赤ずきん」は、今日風にいうと大人の童話でもある。彼は、たくみに森の狼と町の狼のあいまいさを使いわけて、ソフィスティケイトされたメルヘンの世界をつくり上げていた。物語の語り口はまったくの民話そのものであるから、赤ずきんと狼の出会いのくだりなどは読む者をドキドキさせてしまう。しかしその語りの底にはいつもいたずら好きの大人の目があって読者をうかがっている。ペローが、いかにもルイ王朝の社交人らしい筆で隠せばかくすほどエロティシズムが浮び上ってくる。たとえば赤ずきんが狼のベッドに入るくだりがある。

赤ずきんちゃんは着物をぬいで、ベッドの中へ入ろうとしましたが、ベッドの中のおばあさんの有りのままの姿を一目見るとすっかり肝をつぶしてしまいました。（ペロー、一九七三、二九頁）

このくだりはしかし、民衆の好んだ異本のなかではもっと露骨に扱われているらしい。あるお話では、赤ずきんは着物を一枚脱ぐごとに狼にどこへそれをおくのか尋ねることになっている。ペローは、もともとの民話のなかに生きていたあけすけで露骨な部分や、カニバリスムの残酷な部分を一つひとつ取りのぞいて、今日私たちの目にするかたちに整えたのだろう。

ともあれ「赤ずきん」の狼は、すでに語り手や作者の意識のなかで二重の意味をもたされ、象徴言語として機能していたのである。しかしこの狼の危険性の解釈は、語り聞く人々の意識の次元にとどまらず、夢や無意識の隠された次元にまで至ることによって、いっそう豊かで深い教訓を含むものとなるかもしれない。民話の世界は、神話や伝説、さらには詩や小説と同じように、人々の無意識を開く一つの鍵をもっている。それは忘れられた言語であって、私たちの心のなかの閉ざされた経験を見事に表現する働きをもつ。「赤ずきん」の冒険もこうした隠された次元の探究として読みとることはできないだろうか。

エーリッヒ・フロムの『夢の精神分析』は、部分的にではあるが私たちのこの期待に答えてくれる。この本のなかの「赤ずきん」という一章のなかで、フロムはつぎのように書いている。（E・フロム、一九五二、二四一―二四八頁）

このお伽話のほとんどの象徴的意味は簡単に理解することができる。『赤いビロードの小さな帽子』は月経の象徴である。上述のような冒険をする小さな少女は成熟した女になり、そこで、性の問題に当面する。『瓶を落としてわらないように』するために『道草を食わないように』との警告は明らかに性の危険に対する警告であり、処女を失わないようにとの警告である。

フロムのこの記述は、象徴の解釈の問題を除けば、ペローが意識的に与えようとした教訓と一致している。初潮をむかえて赤ずきん（＝月経）をつけるようになった少女は、狼（＝男たち）に気をつけて処女性（＝バターの壺）を失わないようにしなければならない。この教えは、彼がすでにお話の最後のところで語ったものである。しかしフロムの「狼」解釈はもう一歩進められて、ペローや多くの「赤ずきん」の語り手たちが意図しなかった教えにまでむけられてゆく。そこでは「狼」は世の男たちの象徴である。男たちは狡猾で残酷な動物として描かれている。少女は森のなかで会った狼の甘言にのってベッドへ導かれるが、性的な行為は狼が少女を食べるという食人行為として表現される。

しかし狼はその大胆な行為のゆえに嘲《あざけ》られ、処罰されなければならない、とフロムは考える。狼が少女とおばあさんを呑みこんで腹におさめるという行為自体が、狼（＝男性）の妊娠願望を表わしているからである。古代バビロニアの神話が示すように、妊娠は女性の優位を表わす特権である。狼はそこで、二つの生命を呑みこんで妊婦の役割を果そうとするが、かえってお腹に石を詰めこまれて死ぬ。フロムによれば、この石は「石女《うまずめ》」の不妊のしるしなのである。

狼の行為は、原始的な報復の法則に従い、その犯した罪によって罰せられる。すなわち、不妊のシンボルである石によって殺され、僭越にも妊婦の役を果たそうとしたことが嘲弄される。

このお話は、祖母、母、娘というように三世代を代表する人物が主となり（話の終わりごろでは狩人が、それほど重点はおかれていないが、慣習的な父の姿に表わされている）、男性対女性の葛藤を物語っている。男を憎む女の凱歌の物語であり、女の勝利で結ばれている。男女間の闘争で、男が勝利を得るようなエディプス神話とはまったく反対のものである。

フロムのこの解釈は、ただちにフランスにも紹介されたが、民話の地理歴史的研究の立場からは受け入れ難いものであった。分析的な解釈があまりにあからさまで大胆すぎるというよりは、その解釈に用いられた根拠が批判に耐えないというのが彼らの反対の理由である。たしかにフロムは、分析の素材としての「赤ずきん」のテキストを無批判に用いすぎたきらいがある。彼が対象として選択したのは、グリムのテキストなのだが、もし私たちが示したようにペローのテキストの方がオリジナルに近いのなら、一言でも自分の選択理由について言及しなければならないはずである。ドラリュはこの点についてつぎのように述べている。

フロムは「赤ずきん」を説明するために、話と関係のない部分（通りがかりの狩人、切り開かれたお腹と二人の犠牲者のかわりに詰められた石）やまったく偶然の要素（赤ずきんやバターの壺）ばかりを選びとっているが、一方で本当に民話的で古い要素の大部分を看過しているのである。精神分析は民話研究のほかの分野では役に立つが、「赤ずきん」に対するこの種の空論はなんの価

値もない。(P. Delarue, 1956-1963, pp.516–517)

地理歴史的研究の立場からフロムに対する反論は従って、つぎの二点に要約できる。

第一は、フロムが本来の「赤ずきん」とはまったく関係のないつけたしの部分(狩人の赤ずきん救出とそれにまつわるテーマ)に分析をおよぼしたこと。

第二は、分析が象徴言語として「赤ずきん」と「バター壺」という民話のモチーフとしては比較的新しい二次的な要素を選んだこと。

こうした民話学の批判に対して、フロムは反論を発表しただろうか。私たちの知るかぎりそのような反批判は存在しない。しかしここでフロムの側に立って、わずかばかりの反論を試みることは可能であると考える。

まずドラリュの批判の第一点。私たちは地理歴史的研究を尊重して、ペローの作品がグリムのものよりも古く、民話の原型に近いことを認めよう。そしてさらにグリムの話は、ペロー型の「赤ずきん」にドイツ型の「狼と七匹の子山羊」を結びつけたものであることも承認しよう。この場合フロムの分析の後半部分が「赤ずきん」にあてはまらないことは認めなければならない。

しかし「赤ずきん」とは違ったもう一つの正統的な民話「狼と七匹の子山羊」に対しては、かなり有効であることは証明されると思う。この話の場合には、狼の呑みこむのが子どもの山羊であることから、狼の妊娠願望はいっそう明確になる。また狼のお腹を切り開き、不妊の石を詰めるのは子山羊たちの母なのだから、復讐の意図もはっきりと浮かんでくる。したがってフロムの仕事は、「赤ずきん」という個別的なケースでは地理歴史的研究に席を譲っても、「狼が子どもなどを呑みこむ」という民話の普遍的テーマの解釈という点では、そのすぐれた特質を発揮することができるかもしれない。

ドラリュの批判の第二点。この批判は、「赤ずきん」のいくつかの異本を比べてみるとはっきりする。例としてアンリ・プーラの記録したもう一つの「赤ずきん」をあげてみよう。（田辺貞之助編、一九七〇、二八八—二九二頁）赤ずきんは、この話では森のなかにおばあさんと二人で住んでいる。彼女は森の奥へたき木を拾いに行って狼に出会う。彼女は狼の言葉にだまされて道草を食い、おばあさんと一緒に食べられてしまう。したがってそこには「病気のおばあさん」もいなければ「お見舞いのビスケットとバターの壺」もない。もし他の異本にこれと同じことが多く見られれば、「バターの壺」は「赤ずきん」にとって本質的なテーマとはいえなくなる。

しかし「赤ずきん」という名前の問題は別である。たしかに、現在フランスに伝えられるこのタイプの話の主人公には、必ずしも「赤ずきん」というかわいい名前の登場しない話も多い。なかには、名前もついていないただの「娘」なんていうのもある。しかし、「赤ずきん」という名前の主人公も、けっこうあちこちに生きている。ことにペローの影響をうけた話については、その圧倒的な人気の秘密は主人公の「赤ずきん」という名前のせいであるといってもよさそうである。ごく素朴に考えて、「赤ずきん」の物語が昔から「赤ずきん」と呼ばれるのはなぜだろう。どうして赤ずきんのかわりに「黒ずきん」ではいけないのか。誰だって「怪傑黒ずきん」と「怪傑赤ずきん」がいれば、赤ずきんの由来が知りたくなるというものだ。

また、この点についてはもう少しはっきりとした根拠があるかもしれない。ペローの「赤ずきん」は非常に短いお話である。しかしソリアノの調べでは、この短い話のなかに実に十一回も「赤ずきん」という言葉が出てくる。（もしタイトルも数に入れれば十二回である。）ペローの叙述はきわめて巧みであるから、読むものの目にはこれが気にならない。たとえばこんなくだりがある。

このおばあさんが女の子のためにつくってやった小さな赤ずきんは女の子に大そうよくにあいましたので女の子はどこへ行っても「赤ずきん」と呼ばれるほどでありました。（ペロー、一九七三、二四頁）

フランス語は、日本語と違って代名詞の非常に発達した言葉であるから、名詞のこのように頻繁な繰り返しはきわめて異常である。しかも、もしこの繰り返しがあまり読者の目につかず、無意識のうちに見逃されがちであるとすれば、それが単にペローの文体上の力だけでなく、なにかいっそう奥深い意図に支えられているように思われてくる。繰り返しは強迫観念と同じように必ず意味のあるものだ。

もう一つの象徴言語「バターの壺」の方は、すでに示したように民話「赤ずきん」には一般のテーマではない。そのうえ「わき道に入ってはいけない、バターの壺をこわすから」というお母さんの禁止もグリムに固有のものであってペローの話には存在しない。しかしこれも、狼の妊娠願望と不妊の石と同じように、民話全体のなかでは深い意味をもったテーマである。しかも「壺」という言葉が隠語としてなにをさすかは古くから知られていることである。ペローの話のなかにも「焼いたビスケットとバターの壺」という言葉が五回繰返されている。そしてこの「ビスケットと壺」を無事にとどけるようにというのは母親の命令である。「赤ずきん」はこの命令を盲目的に機械的に果そうと努めている。そこには伝承的な民話のテーマが、ペローの個人的な配慮を越えて一つの構造として自己を貫徹していく姿がはっきりと見えるようだ。

註

＊1　『民話の形態学』に付された解説のなかでE・M・メレティンスキーは、プロップがフォルマリストであったことを否定している。しかしたとえばトドロフのような研究者は、プロップの仕事をフォルマリスム理論の重要な構成要素とみている。（そしてプロップ自身の著作にもシクロフスキーへの言及が見られる。）メレティンスキーは、運動史的に厳密に考えてプロップをフォルマリストから排除したのであろうが、現在の欧米でのフォルマ

リスム理論の受容は、より広い視野で行われているように見える。

＊2　ここにあげた三十一の機能は、さらにそれぞれの段階でいくつかにクラス分けされる。たとえば「加害行為」（A）は、「敵が人間を誘拐する」、「敵が助手や魔法の品を奪う」など十九の下位のクラスをもつ。また機能に付された記号は、プロップの原著ではキリル文字が用いられているが、本書ではフランス語訳を参照してフランス式のアルファベット表記を利用した。

実際の魔法民話には、すべての機能を備えた話は存在しないが、具体的に機能の役割を説明するために、人工的にすべての機能を備えた話を作ってみよう。

昔むかし、ある城に王さまとお妃さまが、お姫さまと暮らしていました（はじめの状況－α）。①ある日、王さまとお妃さまは、町に出かけました（年長者の不在－β）。②そしてお姫さまに留守のあいだは外に出てはいけないといい残しました（禁止－γ）。③しかし退屈したお姫さまが、外に出ると（禁止の侵犯－δ）、④魔女がやってきて、王さまやお妃さまはどうしたかと聞きます（加害者の質問－ε）。⑤町に行ったと答えると（情報の提供－ζ）、⑥魔女は森に花摘みに行こうと誘います（謀略－η）。⑦お姫さまが森に入ると（主人公の協力－θ）、⑧魔女はお姫さまをさらって、ガラスの山の魔女の家に閉じ込めてしまいました（加害行為－A）。⑨王さまとお妃さまが帰ってきて、助けをもとめると（仲介－B）、⑩ジャックがやってきました（反撃のはじまり－C）。⑪ジャックはガラスの山に出発しました（主人公の出発－↑）。⑫森の分かれ道に来ると、お腹のへった狼がジャックに食べ物を分けてくれといいました（魔法の手段の贈与者の最初の機能－D）。⑬ジャックが、パンを分けてあげると（それに対する主人公の反応－E）、⑭狼は子どもを一匹、お礼にくれました（魔法の手段を手にいれる－F）。⑮ジャックは、子どもの狼の背中にまたがって、たちまちガラスの山の魔女の家につきました（主人公の移動－G）。⑯ジャックが、魔女と戦っていると（加害者との闘争－H）、⑰お姫さまが赤いバンダナを投げてくれました（主人公が印を受ける－I）、ジャックはバンダナをまいて戦い、魔女をたおし、⑱魔女の宝物を手にいれ（勝利－J）、⑲お姫さまを助け出し（加害行為または欠落の解消－K）、⑳いそいでガラスの山を降りました（主人公の帰還－↓）。㉑魔女の仲間が追いかけてきましたが（主人公が追跡される－Pr）、㉒狼にまたがったジャックとお姫さまは、無事に森の入口につきました（助かる－Rs）。㉓ジャックは、そのまま武者修行に出かけ、一年たって村にこっそりもどると（主人公がこっそり到着する－O）、㉔悪い大臣が魔女をやっつけたのは自分だといいふらしていました（にせの主人公がうその主張をする－L）。㉕ジャックは、本当に魔女をやっつけたのは自分だということを証明しなければなりません（難題－M）。㉖ジャックは、お姫さまにもらった赤いバンダナを見せました（難題の解決－N）。㉗バンダナをまいたジャックを見て、お姫さまはすぐにそれがジャックだと分かりました（主人公が識別される－Q）。㉘大臣のうそはバレてしまいました（にせの主人公の発覚－Ex）。㉙ジャックは、魔女の宝物で美しい若者に変身しました（主人公の変身－T）。㉚大臣は、城を追い出され（処罰－U）、㉛ジャックはお姫さまと結婚して、幸せに暮らしました（結婚 - Wo）。

第Ⅳ章

「赤ずきん」と「ヘンゼルとグレーテル」　民話のふしぎな力

1 もうひとつの民話の精神分析

エーリッヒ・フロムは、フロイトの影響のもとに、神話や民話を夢と同じような「象徴言語」であると考えた。「象徴言語」は、心のなかの経験や感情や思想を、あたかも外界の出来事であるかのように表現することができる。

フロムが、その『夢の精神分析』のなかで、「『赤ずきん』はフロイトの見解のよい説明材料である」と述べ、「赤ずきん」を材料あつかいしてしまったために、民話の「ふしぎな力」を真の意味で解明することができなかった。民話は、フロムが「赤ずきん」について考えたように、「思春期の女の子には、いろいろな誘惑がおそってくるから、気をつけなさい」というメッセージを伝えるかもしれないが、じつはもっと基本的なレベルで子どもや大人の心を支えたり癒したりする「ふしぎな力」をもっている。そして、その力は、民話の語りそのものの構造に由来するものであり、それぞれの民話は、それぞれの語り手や聞き手の心の構造にそって力を発揮するのである。

こうした問題に関しては、ユングやフォン・フランツにはじまり、日本の河合隼雄にいたるまでユング派の一連の研究があるが、語りの構造という視点からみて、もっとも一貫した仕事をしたのは、やはりフロムと同じフロイト派のブルーノ・ベッテルハイム（一九〇三―一九九〇）である。

ベッテルハイムは、『夜と霧』の著者であるフランクルと同じく、みずから収容所体験をもつ。彼は、一九三〇年代初頭からウィーンの自宅で自閉症の治療と研究に専心していたが、ドイツのオーストリア併合後逮捕されて、一九三九年まで約一年間収容所生活を送り、釈放後アメリカへ亡命した。彼の著作は、一九六〇年代後半から集中的に日本に紹介されはじめ、いまではほとんど邦訳で読むことができる。ここにとりあげる *The Uses of Enchantment* も『昔話の魔力』というタイトルで、すでに知られている。

ベッテルハイムはこの本のなかで、「民話とはなにか」という問題を一貫して聞き手である子どもを中心に考えている。彼によれば、子どもは大人が普通家庭とか社会とか呼んでいる世界に新しくやって来た、いわば〈新参者〉である。だから彼らは、この未知の環境に対してさまざまな深い疑問をもっている。たとえば「世界というのはどのようなものか」とか「自分はそこでどのように生きるべきか」とか「どのようにしたらそこで自己を確立することができるのか」などなど。ところが子どもを受け入れる両親の方は、この疑問に対して上手に答えることはできない。あるいは、子どもとこの疑問についてコミュニケートするための適当な言葉をもたない。しかし子どもは、幼ければ幼いほどその悩みが深く、一歩誤ればそのまま家庭にも社会にもとけこむことができずに、みずからのうちに閉じこもるしか道がない。この意味で子どもは、大人が考えるよりはるかに大きな危機に立たされているのである。

民話はその時、両親に代わって子どもの疑問に答えてくれる。それは独自の象徴的な言語によって子どもたちをなぐさめ、謎をとき、生きる勇気を与えてくれる。いくつも、いくつも数えきれぬほどの深い層を通って、何世紀も、時には何十世紀もの時代を越えて送られてくる民話のメッセージは、子どもの心を直接とらえて話しかける。

しかし子どもにむかう民話の言葉は、ふしぎなことにけっして甘いものではなく、しばしば残酷で断固とした口調をもっている。民話は彼らに中途半端でやさしい言葉遣いをせず、この世界は「大したことはない」とか「大丈夫だ」とかいうかわりに、「ものすごい」、「とても大変だ」とおそろしいことをいう。「青ひげ」の血まみれの花嫁とか、「眠れる森の美女」の蛇や蛙のいっぱいつまった桶は、子どもたちだけではなく話している大人のほうもぞっとさせるだろう。しかしこうしたものすごい残酷さは、後に示すようにどうしても子どものために必要なのだ。彼らはそこで、この世界はものすごくこわいけれども、おそれず絶望しないように教えられる。またこのような危機が、自分だけではなくほかの誰にもあること、そして頑張ればこの危機は乗り越えられて、さらにはいつか大人たち（両親）をも凌駕することができると知るのである。

民話の主人公たちは、だからどんな場合にも、必ず危機を乗り越える。首を切られても、毒入りリンゴを食べて殺されても、時にはバラバラにちょん切られても生き返る。

しかしたいていの場合、彼らはこの危機に一人で立ちむかうことはない。そこにはふしぎな助手の動物、妖精、知恵者などが控えていて、主人公を正しく導き、魔法の力で救ってくれる。「二人兄弟」の動物たちや「シンデレラ」の妖精、「せむしの子馬」などを思い出していただきたい。子どもは、このような助手の存在によって、実人生の危機のなかでも自分がけっして一人ではなく、他人のあたたかい手によって生かされていると知るのである。

強制収容所というまさに歴史の地獄をくぐったベッテルハイムが、このことを、つまり「他人を信じる者はそれを見出し、救われる」ということを、民話の中核となるメッセージの一つと考えていることは、注目に値するだろう。

さて子どもたちは、ベッテルハイムによれば、世界に新しく加わった〈新参者〉であった。しかしそうはいっても、子どもたちが幼くして知る世界はそれほど広くはない。彼らをとりまき、彼らの心の中心を占めるのは、まだ大きく開かれた社会ではなく、連続してはいてもしばしば閉ざされている家族社会の一隅であるにすぎない。

子どもを森に捨てようと相談する両親と盗み聞きする子ども（ギュスターヴ・ドレの「親指小僧」挿絵、1867年）

だから民話の世界に住んで、子どもが最初に学ばなければいけないのは、大きな社会のなかのひとりひとりの個人との関係ではなく、両親や兄弟との関係である。大部分の子どもは、自分の両親が自分よりいろいろなことをよく知っていると信じているが、たった一つだけ例外がある。それは、自分を本当に正しく評価してはくれないということであると、ベッテルハイムは考える。子どもは、自分がいつも不当に低く見られているると考えているのだ。そして家庭という狭い社会のなかでは、時には父親が自分の欲望を抑圧する最大の暴君となり、母親はしつけの厳しいいじめ役、兄弟や姉妹はいじわるな競争相手となる。民話のなかに、いつも悪い継母や、いばりんぼの王様があらわれ、たちの悪い兄さんや姉さんたちが主人公をさげすんだり、いじめたりするのは、こうした子どもの心理の正確な反映である。

子どもは、もちろん、これらの悪役たちが本当は自分の〈悪い〉父や母であり、実の兄弟の影であることをよく知っているのだが、しばらくは仇敵の仮面をつけたままにして、彼らに悪役を演じ切らせることとする。

それは一方で、実の親たちが本当に悪であるということを知るのが、子どもたちには辛くてがまんできないからではあるが、また一方、いずれこの敵をやっつける段になって登場する助手たちが、〈良い〉両親や兄弟のもう一つの影であるからである。民話にあらわれる登場人物たちは、子どもの現実の多義的な反映なのだ。そしてこの子どもをいじめる悪い大人たちは、最後にはそろってひどい目に遭うことに決まっている。「ヘンゼルとグレーテル」の魔女のようにかまどに投げこまれてしまったり、真っ赤に焼けた鉄の靴をはかされたり、樽につめこまれて海に流されたり、民話の世界は残酷な死に満ちている。

しかしこの〈死〉はもちろん、現実の死のもつ厚みを有していない。それは肉体の死であるよりもむしろ精神の死であり、主人公の心のなかの未熟な悪が、未熟さの故に罰を受けて死ぬのである。

だからグリム版の「シンデレラ」の最後の部分で、いじわるな姉たちが小鳥に目をついばまれてしまうとしても、それは目の現実的な〈死〉ではなく、姉たちが世界のみせかけの美しさにうつつをぬかして、本当に大切な心の美しさに気がつかなかったことへの精神的処罰である。これとは反対に妹のシンデレラは、その名のとおり灰をかぶり、ぼろは着ていても、その心の美しさの故についには王子の心をとらえて、幸せになることができたのである。

民話の世界では、死はすぐれて象徴的なものであり、過ちを犯した者はただちに罰を受ける。しかし彼らが、その過ちのために課された試練に耐えれば、またすべては幸せに終わる。切られた指や手はもとにもどり、呪いもいつかは解ける。狼や怪物に呑みこまれても、主人公はすぐにお腹のなかからよみがえる。

したがって大人たちは、民話の残酷さについて無用の気づかいをする必要はない。こうした物語の展開法則と象徴性は、子どもたちのとっくに承知しているところなのだ。そしてまたこの残酷な〈死〉は、後に述べる理由によって、なによりも子どもたちの自己回復のために欠くことができない要素なのである。

しかし物語の残酷さ以上に、大人たちをおびやかす問題は、おそらく民話のなかの時にあからさまな性の表現であろう。ベッテルハイムに従えば、民話はこのタブーを素通りした、甘い砂糖菓子のようなものではけっしてない。それは、むしろ積極的に子どもの好奇心に答えて、その正しい理解に彼らを導き入れるものである。民話は、大人たちにも子どもたちにも共通して、性の問題は大切だが、子どもたちはあまりいそいでそこに近づくべきではないと警告する。

たとえば「青ひげ」の若い妻は、あまりに性急な好奇心にとらわれて、小さな部屋の鍵を開き、あやうく命を落としそうになる。また「眠れる森の美女」は、心と体の幼さの故に、王子の愛を受けいれるまでにさらに百年の眠りを待たなければならない。この時美女を守る茨は思春期のかたい棘である。しかしこうしたかたい殻や棘も、時とともに変化する。「美女と野獣」や「まき毛のリケ」のなかで、はじめは醜くおそろしく見えていたものが、愛とともに美しく変身するのはこのためである。愛が性の姿を一変するのだ。

ベッテルハイムは、以上のように民話のもつさまざまの層を見事に解き明かしていく。その思考の深さは、民話という人間の心の底に眠っている無限の宝に光をあてるにふさわしい。彼は民話に固有の、世代から世代へと受けつがれたメッセージの意味を、一つひとつ丁寧にときほぐしていく。そしてその仕事のなかでも、分析医としてのベッテルハイムのもっとも面目躍如としているのは、彼が民話の〈語り〉の構造について述べている部分であろう。

彼にとって民話の最良の語り手は、子どもたちの両親である。親たちは子どもたちに、お話をゆっくりとその反応を確かめながら話すことができる。子どもたちは、それによって自分の隠された欲望や大人に対する憎しみを、直接両親に認めてもらえたと実感する。いじわるな継母や悪い専制君主が倒されて、それに両親が「よかったね」と賛意を表わすと子どもは安心する。子どもたちのもつひそかな欲望は、こうして抑圧されることなく、親たちの手によって解き放たれることが必要なのだ。

お話のなかに、魔女とか人食いとか狼があらわれて、残酷にふるまわなければいけないのも、これと同じ理由による。語り手はその残酷さを隠してはいけない。なぜなら聞き手の子どもたちの心のなかには、そうした血なまぐさい欲望があり、その残酷さが一概に否定されるべき種類のものではないからである。子どもたちは、むしろこうした残酷の化身となり、おもいきり残酷にふるまいながら、しかもそれを外化し、それに打ち勝ってゆくことが望ましいのである。

そしてこの聞き手の心的メカニズムにこそ、〈昔々あるところに〉というすべての民話を成り立たせている形式の秘密がある。この単純で素朴なはじまりの言葉は、じつは語り手と聞き手を想像の世界へ送りこむ呪文である。これからはじまる物語はなにもこわがることはない。話している私にも、聞いているお前にも、なんのかかわりもない夢のお話なのだ。しかしこの夢のなかには、じつはおそろしい現実が含まれている。悪い継母は、本当はお前の母親であり、冷酷な王様は父親なのだ。けれどもこの残酷な現実は〈昔々あるところに〉の一言で、想像の世界（いまではない「昔々」と、ここではない「あるところ」）へと送りこまれる。そして子どもたちは、この夢の世界でこそみずからを癒し、現実に立ちむかう勇気を得るのである。

2 「ヘンゼルとグレーテル」と口唇期の克服

ベッテルハイムにしたがえば、「赤ずきん」のテーマは二つある。一つは〈口唇期固着からの脱出〉であり、もう一つは〈エディプス期のもたらす現実原則と快楽原則との葛藤とその解消〉である。[*1]

まず最初の口唇期固着の問題だが、ベッテルハイムはこれを「ヘンゼルとグレーテル」の場合と比較しながら論旨を展開している。そこで私たちも少しまわり道をして、この物語の分析からはじめよう。

よく知られるように、この話のはじめに子どもたちは、貧しい両親によって森に捨てられる。そして森のなかのお菓子の家で、魔女にとらわれ、あやうくかまどで焼かれそうになる。しかし彼らは機知の力で反対に魔女を殺し、彼女の残した宝石を見つけて、幸せに暮らすことになる。ベッテルハイムは、この物語をいくつかのテーマに分けて、その深層の意味を検討した。

まず彼の取り上げた最初のテーマは、〈貧しい両親が子どもを捨てる〉である。このテーマは一見すると、きわめて現実的な問題にかかわっている。つまり物語の発生した中世期にも、今日と同じく、貧しさが人を悪に導くことがあり、物質的な生活の厳しさが、大人たちをエゴイストにすることがあったのだ。

しかしもう一歩つっこんで分析的に考えてみると、それは現実的な教訓もさることながら、子どもたちのもつ原初的な恐怖や、不安の体験と結びついていることがわかる。すなわち、みずからの手で食物を手にいれることのできない幼児は、たとえば空腹で夜更けに目覚めた時、闇のなかに捨てられ、死ぬかと思う恐怖を味わう。ヘンゼルとグレーテルが継母によって森のなかに捨てられて、おなかをすかせてさまようくだりは、この飢餓体験とよく似ているのではあるまいか。

幼児にとって母親は、なにによっても代えがたく、欠くことのできない存在である。それは「幼児が自立するその日まで、母親だけが飢えを満たしてくれる」からである。しかしこのことはまた、「母親だけが自分を見捨てて、飢餓のうちに放置することができる」ことをも意味している。だから時として空腹のままに捨てられて、飢えの恐怖を味わった子どもが、母親をエゴイストと見て、自分は見放されたものであると感じてもふしぎはない。「ヘンゼルとグレーテル」の冒頭で、家中の食べ物がなくなった時、まず子どもを捨てようと提案するのは母親であり、父親が物語全体を通して、無力で無用な存在ですらあるのは、きわめて象徴的である。

「ヘンゼルとグレーテル」の第二のテーマである〈森のなかのお菓子の家〉は、このような飢え

アーサー・ラッカムによる「ヘンゼルとグレーテル」の挿絵（1909年）

た子どもの夢をもっとも素朴なかたちであらわしている。子どもたちはまだ充分に自己抑制を学んでいないので、食欲を満たすためにこの未知の（あるいは休息の場となるかもしれぬ）家をためらわず破壊しはじめる。[*2]

ベッテルハイムによれば、想像や夢の世界では、家は体（ことに母親の体）を表現していることが多い。この家ははじめ「子どもたちの欲望の前にみずからをさしだし、子どもたちの空腹を無条件に満たしている」のだから、どちらかといえば〈良い母親〉の象徴である。子どもたちは、自分の母親が少しでも自分の食欲を抑圧しはじめると、この〈良い母親〉の姿を追い求めることになる。それは原初的な母親の姿であり、寛容そのものの化身であるといえるだろう。

魔女をかまどに押し込むグレーテル。テオドール・ホスマン（1807−1875）の挿絵。

しかし、このような原初的な欲望に身をまかせて母親の胸にすがって生きることは一面では心地良いことではあるが、やはり、破壊的かつ「退行的」であり危険である。母親に寄生する行為は、子どもの健全な自立と自己確立をさまたげる。第三のテーマ〈お菓子の家に棲《す》む魔女〉は、まさにこの危険の具体的な表現である。

まっ赤なほおずき色の目をした魔女は、口唇期の破壊的様相を一身に体現している。彼女は子どもたちが家を食べたのと同じように、今度は子どもたちを食べてしまおうと決めている。

魔女の出現によって、子どもと母親の関係は逆転して、みずからの盲目的な欲望（つまりエス）によって母親を破壊しようとした子どもたちは、そのためにみずからが破壊の淵に立つことになるのだ。

しかし子どもたちは、一度みずからが破壊の欲望に従った以上、同じ水準の魔女の食欲（＝破壊的な欲望）も認めないわけにはいかない。子どもたちは、魔女に打ち勝つためには、〈食べる・食べられる〉という盲目的な快楽の危険性に気づいて、状況を理性的に支配することを学ばなければならない。エスの圧力に屈することなく、自我と協調して行動することが必要となる。グレーテルは策略を用いて魔女を倒し、とらわれのヘンゼルを解放する。子どもたちは母親に対する無反省な帰属を断って、自立にむかって一歩前進したのだ。[*3]

するとまた、子どもたちは、いじわるな母親である魔女の背後にやさしく寛大な母親の姿を発見する。それが第四のテーマ〈宝石〉の意味である。ヘンゼルとグレーテルは、魔女の残した宝石を見つけて、めでたく家族のもとに帰ってゆく。一家の重荷であったはずの子どもたちは、自力で問題を解決したのみならず、一家の暮らしを支える富をもたらすのだが、この時、自立の象徴である宝石を与えるのは、やはり〈良い母親〉なのである。

ヘンゼルとグレーテルは森からの帰途に大きな川に出会い、水鳥の案内で無事に渡るが、この川もまた彼らが悪しき過去を断ち、成長のつぎのステップにむかうことを示す象徴であろう。子どもは破壊的な口唇期の危機を脱し、悪い母親のおそろしい威圧からものがれて、宝石を携え、川を渡り、良い両親のもとにふたたび帰ってゆく。

3 「赤ずきん」とエディプス・コンプレクス

さて以上のように簡単に「ヘンゼルとグレーテル」をまとめたうえで「赤ずきん」の分析に移ろう。この話も「ヘンゼルとグレーテル」の場合と同じように〈食べられてしまうことへの恐怖〉が、その中心的な主題となっている。しかし同じ一つの主題は、二つの話のなかでまったく違ったかたちをとってあらわれる。それは一方で一人ひとりの個人のうちに必ず見られる、一つの基本的な心理構造が、それぞれの経験や解釈の仕方によって、いかに違った表現をとるかの好例であるが、同時に数の限られた少数の主題が、民話の世界ではいかに多くの人間関係を包括できるかを示すものでもある。

すべては、主題の展開のコンテクストにかかっている。「ヘンゼルとグレーテル」の場合にはすでに見たように、主題は母親に依存した子どもが、その支配を断ち、口唇期固着から自由になるのが、どれほどむずかしいかをめぐって展開した。

「赤ずきん」の場合には、これに対して、学齢期の少女が物語の中心となる。それは、この年頃の少女が、もし無意識のうちにエディプス的関係を残していると、危険な誘惑者の誘いに身をさらすことになり、〈狼〉の餌食になりかねないことを教えている。

「赤ずきん」と「ヘンゼルとグレーテル」には、ともに〈森の家〉と〈村の家〉という二つの家があらわれる。ベッテルハイムは、この二つの家がじつは同じ一つの家（＝子どもの両親の家）にすぎず、それが彼らの心理的な状況の変化によって、別の姿をあらわすものであると考える。

この二つの家は「ヘンゼルとグレーテル」のなかでは、それぞれが不安定に姿を変えるが、原則的には〈村の家〉は子どもを守ってくれる良い母の家であり、〈森の家〉は魔女（＝悪い母）の家であった。口唇期固着から抜けきれない二人の子どもは、森の母の家を食べてしまうことしか考えず、魔女をかまどで焼き殺すこともいとわない。

これに対して、すでに口唇期固着を脱した赤ずきんには、こうした破壊的暴力はない。彼女の〈村の家〉は豊かであり、食べ物をおばあさんの〈森の家〉にとどけてあげるほどの余裕がある。

狼と赤ずきんの出会い（片山健の挿絵、1992年）

しかしその一方で、〈村の家〉の赤ずきんは両親に守られた大人しい良い子であり、問題処理能力もあるが、〈森の家〉では狼に会ったおかげで、すっかり萎縮してしまい、なに一つ有効に対処することができない。

赤ずきんにとって〈森〉は、もうヘンゼルとグレーテルの場合とは違って、それほど危険な場所ではないはずである。

森で花をつむ赤ずきん（片山健の挿絵、1992年）

彼女は家を出るとすぐに正しい道をみつけることができるし、母親もそこからはずれないようによく注意してくれる。ヘンゼルとグレーテルが、貧しさのために森に捨てられるのに対して、彼女はすすんで家を出て、森に入ってゆくのである。

赤ずきんには〈家〉の外の世界は、それほどおそろしいものではなく、むしろ美しいものですらある。しかし、その美しさのなかに、危険が含まれているのだ。

つまり〈森〉が、〈家〉を支配する日常性を越えて、少女の目に魅力的にうつるとすれば、それは〈森〉が非日常的な快楽の場であり、彼女に〈家〉を支配する現実原則を捨てて、森の快楽原則に身をまかせるように誘っているからである。

こうした現実原則と快楽原則とのはざまの危険な状況は、狼のつぎのような言葉にはっきりあらわれてくる。

ねえ、赤ずきん、ちょいと見てごらんよ。そこいらじゅうに咲いているきれいな花をさ。どうしてまわりを見ないの？　小鳥があんなにおもしろい歌をうたっているが、赤ずきんにゃ、てんできこえないんだねえ。まるで学校へでも行くように、むきになってあるいているんじゃな

いか。うちんなかとちがって、森はこんなにうききとおもしろいのになあ。（グリム、一九七九、第一巻、二六九頁）

赤ずきんは、この狼の言葉によって森の美しさに目を開く。そして次第に大胆になり、ついには両手でもち切れなくなるほど花をつみ、それからやっとおばあさんのことを思い出す。つまり彼女は、自分の欲望がいっぱいに満たされるまで、森の快楽原則にしたがうのである。ベッテルハイムによれば、赤ずきんは、思春期に固有の複雑な問題を抱え込んでいる。そして彼女はまだ感性的に未熟であるから、自分の力で欲望を律して生きてゆくことはできない。この問題を克服するためには、誰か有力な味方の手助けが必要である。

しかしその一方で、すでに「ヘンゼルとグレーテル」の場合のような口唇期的な閉ざされた世界を独力で乗り越え、世界に対してより広い関心を示しはじめていることも、事実である。たとえば、ヘンゼルとグレーテルが、森のなかでお菓子の家に出会うと、無反省にただちに食べはじめるのに対して、赤ずきんはおばあさんの家につくと、まず観察して、すぐに異常を発見する。

行ってみると、おもての戸があいていたので赤ずきんは、ふしぎに思いました。それからおへやへはいると、なかのようすが、なんだかいつもとかわってるような気がして、まあ、どうしたのだろう、今日にかぎって、なんだか気味がわるいこと。いつもは、おばあさまんとこへくるとうれしいのにねえと、かんがえました。（グリム、一九七九、第一巻、二七〇頁）

赤ずきんは、結局、狼のたくみな変装にだまされて、呑みこまれてしまうのだが、そこにいたる彼女の質問は執拗であり、狼の大きな耳や目や手、口などにいちいち反応する。

つまり彼女は世界を理解するために五官を全開にしているのである。

「ヘンゼルとグレーテル」の物語が、口唇期固着とその克服をテーマとして展開されるのに対して、「赤ずきん」は、少女のエディプス・コンプレクスとその克服が象徴的な中心となっているのである。そこには、「ヘンゼルとグレーテル」においてあれほど重要であった母親（悪い継母と魔女）の姿はなく、かわって主人公と父親（狼と狩人）との関係が、重大な葛藤の中心として登場する。

「赤ずきん」の物語にも、女たち（母親とおばあさん）は登場するが、彼女たちは「ヘンゼルとグレーテル」の魔女や継母に比べてはるかに無力である。主人公をおびやかすこともないかわりに、充分に保護することもできない。

そこで代わって重要な役割を果すのは、男たちである。彼らは、一方で危険な誘惑者であり殺人者の狼であるが、他方では、少女の保護者として、慎重な父親の相貌をまとった狩人でもある。

赤ずきんは、この物語によって、父親に代表される男たちの二面性を学ぶことになる。つまり

①エゴイストで、反社会的、暴力的かつ破壊的な〈エス〉の側面と　②愛他的で、社会的で、思慮深く、保護者的な〈自我〉の側面との対立である。

「赤ずきん」の物語がいつも人々から愛されてきたのは、愛らしく、しかも素直な良い子の赤ずきんが、悪い狼の誘惑に身をさらしその術策におちてしまうところが、読者の共感を呼ぶからである。しかし、ベッテルハイムはそこで、「なぜこの少女がやすやすと狼の罠にはまってしまうのか」を考えてみる必要があるという。

常識的にみれば、狼の罠はあまりに単純で見えすいている。とすれば、そんな見えすいた罠におちいる少女の心の中心には、いくらか自分から罠にかかりたいという気持ち、つまり〈狼〉を愛する気持ちがなければならない、とベッテルハイムは考えるのである。

「赤ずきん」の〈狼〉は、ペローが好んで仕立てたように、もしかするとかなり粋な誘惑者であったのかもしれない。だから赤ずきんは、簡単に彼の外面の美しい言葉にのってしまったのではないだろうか。

そして、さらにもう一歩つっこんでみれば、〈狼〉は私たち一人ひとりの心のなかにうごめく、反社会的で破壊的なエスの表現であるとはいえないだろうか。

おばあさんに化けた狼（片山健の挿絵、1992年）

そして赤ずきんのなかにも、このエスの勢力に従おうとする〈無意識〉があり、いつも良い子であろうとする〈意識〉と闘っていたのではないだろうか。

ベッテルハイムは、この物語のなかで狼に襲われて呑みこまれてしまうのが、赤ずきんだけでないこと、彼女に先立っておばあさんが狼の餌食となることに注目した。

分析者の目から見れば、〈森の家〉が〈村の家〉のもう一つの姿であるのと同じように、〈おばあさん〉はまた〈母親〉の別の姿である。森のなかで狼に会い、エスの誘惑に

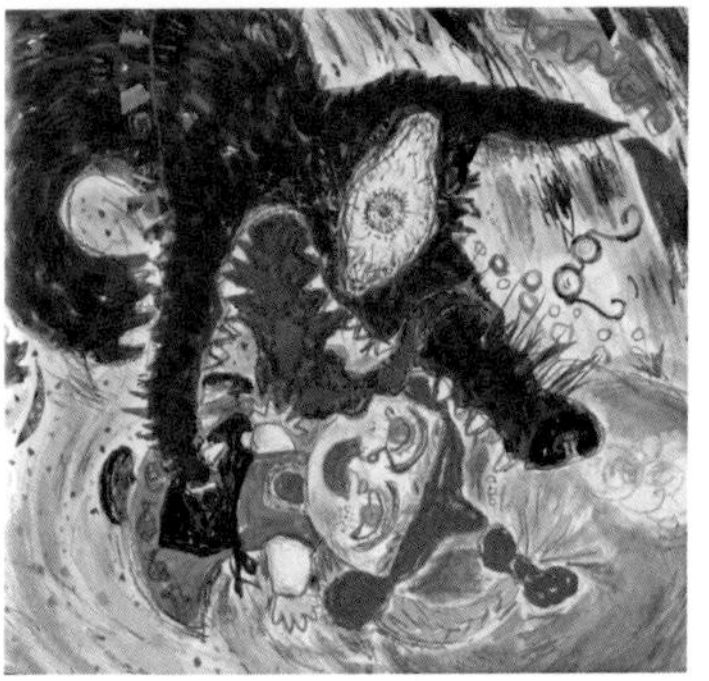

赤ずきんを「食べる」狼（片山健の挿絵、1992年）

従って快楽原則に身をまかせようとする主人公は、まず邪魔者である母親〈おばあさん＝現実原則〉を倒そうとする。そこで彼女は、やすやすと狼に〈森の家〉についての情報を与えてしまうのである。この時点では、彼女もまた狼とともに破壊の欲望に酔っている。そしてこう考えれば、それに続く赤ずきんの死も、この欲望に対する代償として説明されるだろう。彼女は、狼に母親を渡した罪で死ななければならないのである。

したがって〈狼〉は、エディプス的な誘惑者であると同時に、また子ども自身の悪を表現している、ともいえるだろう。両親の言葉にそむき、両親の示してくれた道をはずれて、性的な誘惑を受けたり与えたりする深い欲望が、子どもの側にも存在するのである。しかし物語のなかには、

これに続く展開が示すように、主人公がこうした悪からよみがえる手だてが存在する。それが〈狩人の登場〉の意味である。

狩人は、エスの誘惑に負けて、母親と祖母を裏切ってしまう主人公に比べて、はるかに冷静であり、父親としてみずから感情に負けることのない判断力をもっている。彼は、長年捜し求めた狼に出会うと、一撃のもとにうち倒そうとするが、その怒りをおさえて（つまりエスの働きを殺して）、考える（つまり自我の働きに従う）。彼は慎重にお腹を切り開き、二人を助け出す。

こうして悪者を退治し、良い人を助け出す狩人の態度は、物語を聞く子どもたちの胸に大きな共感を呼ぶことだろう。また物語のこれまでの経過のなかでは、破壊にしか結びつかなかった暴力も、狩人の場合には建設的なものとして受けとられ、この点でも子どもを満足させることができる。

狩人はしかし、物語のなかでこのように大きな役割を果しても、その存在にいくつかの謎を含んでいる。私たちは、たとえば彼がいったいどこから来たのか、主人公とどのような関係をもっているのかを知らない。はっきりしているのは、彼が赤ずきんを救うということだけである。

そしてこの狩人の謎と同時に、この物語には一度も父親についての言及がないことも奇妙である。（母親があれほど重要な役割を果した「ヘンゼルとグレーテル」にも父親がいたことを考え合わせるべきであろう。）ここから私たちは、物語に父親は登場するのだが、なにか仮面をつけているのであろうと想像する。

両親に守られた、良い子の赤ずきん（片山健の挿絵、1992年）

ベッテルハイムによれば、一般に少女はなんらかの困難に立たされた場合、父親に救いを期待する。ことに彼女が、父親を誘惑し、父親に誘惑されたいという欲望をもち、その結果困難にぶつかった場合はなおさらである。

ただし、この際、私たちはベッテルハイムが「誘惑」という言葉でなにを意味しているかを正確に理解しておく必要がある。ベッテルハイムが「誘惑」と呼ぶのは、「少女がほかの誰よりも自分を愛するように父親をしむける欲望」であり、「そのために彼女が払うすべての努力」である。少女は「娘に愛されたいと願う父親が、そのために努力するのを見たい」という欲望をもっている。

ベッテルハイムによれば、この欲望（＝父親を誘惑するという欲望）は、すべての少女に共通するありきたりのもので、けっして異常なものではない。しかし少女がもしこの段階に固着して、この欲望がいつまでも長びけば、必ず悲劇を生むことも確かである。

こうした視点から見ると「赤ずきん」には、はっきり二つのかたちで父親が存在することがわかる。つまり一方ではエディプス的葛藤を人格化した〈狼〉があり、他方に保護者であり救済者としての〈狩人〉がいるのである。

怒りという最初の反応にもかかわらず、〈狩人〉はすぐに〈狼〉を殺すことはしない。救われてお腹から出てくると、赤ずきんはそこに石をつめこむことを提案する。そして狼は目がさめると、石があまりに重すぎてすぐ死んでしまう。ここでは、彼女が自分自身で、狼の運命を決め、みずからの障害をとりのぞくことが大切である。それは、彼女が将来にわたって安全を確保し、誘惑者の危険を一人で処理することができたことで、自分の力で自身の弱さを克服したと知ることが必要なためである。

赤ずきんとおばあさんは、物語のなかでは狼に呑まれても死ぬことはない。彼らは一度死をくぐって再生する。

赤ずきんが狼に食べられてしまうのは、彼女の心に未熟な部分があるからである。そして、狼に呑まれて死ぬのは、誘惑に身をまかせた「悪い赤ずきん」であり、生きかえってお腹からでてくるのは、成熟した「良い赤ずきん」である。彼女は狼の闇をくぐりぬけることによって、はじめて感受性が豊かになり、みずからを律することを知る。

「それから、赤ずきんは、『おかあさんがいけないとおっしゃるのに、じぶんひとりで森のわきみちへはいりこむようなことは、しょうがい二度とふたたびやるまい』とかんがえました」という「赤ずきん」の最後のセリフは、このことをよく示しているといえるだろう。（ベッテルハイム、一九七八、一二三八頁）

4 ✤ ベッテルハイムの「ペロー」批判

「赤ずきん」には、すでに述べたように、ペロー型とグリム型がある。ベッテルハイムと同じく精神分析の立場に立ちながら、エーリッヒ・フロムはこの二つのテキストの差異を無視して（かなり不用意にグリムのテキストに依拠して）、民話研究者の批判を集めた。

ベッテルハイムはこれに対して、従来の民話学とは、すこし違った角度からではあるが、この二つのテキストの比較検討を行って、そこからいくつかの興味深い論点を拾い出している。だから私たちもまた、彼のこの作業のあとを追いながら、ベッテルハイムの方法の特色を考えてみたい。

さて、その第一点であるが、それは禁止の機能の問題である。「赤ずきん」を読んでみると、グリムの版には冒頭の母親が主人公を森に送り出すくだりに「横道に入ってはいけない」とか「道草を食ってはいけない」と注意する箇所がある。これはプロップが『民話の形態学』のなかで〈禁止〉と呼んだ機能なのだが（第Ⅲ章参照）、ペローの版にはそれが欠如している。（というより「森をとおってお婆さんの家までお使いに行っておいで」という〈命令〉の機能がある。）

ベッテルハイムはその点を重視した。すでに見たように、「赤ずきん」の物語は、現実原則と快楽原則、あるいは、自我・超自我とエスの二律背反を軸として構成されている。〈禁止〉はもちろん、現実原則の側の要請するもっとも重要な機能の一つである。そして民話のなかには（これもプロップが示したように）〈違反〉の機能があるが、これが自我・超自我と対立するエスの側に属し、〈禁止〉と一対をなしていることはいうまでもない。〈禁止＝現実原則〉に対して〈違反＝快楽原則〉があり、これが物語の緊張をつくり出し、読み手の心をひきつける。

だからペローの話の場合のようにその一方を欠くことは、物語からコントラストを奪うだけでなく、民話固有のメッセージを解りにくくする。

民話には、事件のはっきりとした意味を子どもに伝達する役目があるのだから、この欠落は大きな欠陥である。

そしてまた冒頭でこの機能を欠くことは、さらに物語の結末をも不明なものとする。ペロー版の「赤ずきん」には、狼に赤ずきんが呑みこまれるにあたって、まずおばあさんが食べられてしまうというくだりがある。これは〈禁止〉〈違反〉という機能の筋道からゆくと〈違反〉に対する〈処罰〉という風に呼んでよい。

だがこの場合、過ちを犯した赤ずきんが〈罰〉を受けるのはともかく、なにも知らない病気のおばあさんまでが死ななければならないのはなぜだろう。

ベッテルハイムの解釈では、「おばあさんは子どもを甘やかす悪い母親の典型として死ぬ」のである。しかしこの〈悪い母親の死〉の意味は、〈子どもを保護する良い母親〉や、あるいはそれに代わる〈救済者としての父親〉との対比によってはじめて明らかにされる。

ペローの場合には、禁止する良い母親もなく、狩人（＝父親）も登場しない。だから〈お婆さんの死〉の意味が、うまく伝わってこない。

このようにグリムとペローを構造という視点から比較すると、グリムの版には、①禁止、②違反、③処罰、④救済と再生、という機能が明確であるのに対し、ペローの版には、①禁止が不明確、④救済と再生が欠落して、②違反と③処罰、ことに③の処罰が大きくクローズアップされているのがわかる。

これを精神分析のコンテクストで考えると、①禁止と④救済と再生が現実原則の側に属し、②違反と③処罰が快楽原則に属することは明らかである。つまりグリムの版が二つの原則のあいだの緊張をきわめて正しく守り、しかも最後は話を現実原則の側に連れもどしているのに対して、ペローの版にはそうした対立を昇華する仕掛けがない。そこには、ただ無秩序に活動する快楽原則だけがあって、それに対抗する現実原則の契機が欠如している。

つぎに第二の論点に移るが、これも第一の点と深いつながりがある。それは、グリムが再話に際して、ともかく伝承の形式を尊重したのに対し、ルイ王朝の文人ペローが、民話をヴェルサイユむけに改変したことにある。こうした修辞は、民話の血なまぐさい要素や多義性を奪い、物語を平板なものとしている。

たとえば狼だが、ペローの話の狼は野生の狼としての危険性を、ほとんど意識的にはぎとられている。ペローの狼は、大人むけの町の狼であることがあまりに明白であり、洗練されてはいるが、物語の聞き手にその危険性を訴える迫力がない。

ところが民話を読む子どもたちはむしろ、野性の大きな食人的な狼におそれを感じ、同時にそれと一体化することによって、みずからの隠された憎しみや共感を自由に働かせることができる。そこに、彼らの深い欲望があるのである。

同じことはまた、狼だけでなく主人公の赤ずきんについてもいえる。彼女もまたあまりに平板化されすぎているので、読者の共感をよばない。たとえば彼女が狼のベッドに入る場面で、まったく抵抗しないのは子どもの目にも不自然である。これでは少女が、みずから狼の性的誘惑を受け入れているのか、あるいはまったくの愚か者であるのか、いずれかである。グリムの版にはこのベッドの一件はない。

子どもは、ペローの赤ずきんのような主人公に、自分を同一化しようと思わないだろう。こうした単純化は、生き生きとした少女のかわりに、ヴェルサイユの恋に疲れた女のイメージをおくものだといえる。

しかしペローのこのようなメッセージの単純化が最もあらわになるのは、〈教訓〉の部分である。よく知られるように、ペローは『民話集』に収められたそれぞれの話の最後に、その物語についての短い教訓を添えた。グリムには、このあからさまな教訓がない。これがベッテルハイムの指摘する第三の問題点なのだが、物語を語りながら、聞き手に一義的な教訓を与えるほど愚かなことはない。良質の民話は、さまざまの水準にわたる意味作用をもっているから、物語を聞く子どもたちは、一人ひとり自分の年齢と状況にあった適切な意味を、そこから引き出すことができる。そして子どもたちは成長の過程で、同じ物語から昔とは違った意味をまた一つひとつ拾い出し、自分の理解力が進歩したことを確かめる。ところがもし語り手が語りいそいで、物語の一つの絶対的な意味を子どもにおしつけてしまうと、この豊かな意味の発見は不可能となる。ペローの一見明晰な文体や気のきいた教訓は、こうして民話本来の奥行きと重層的な意味作用を殺してしまうことになる。

ベッテルハイムのいう第四の問題点は、ペローの話にグリムの後半部が欠如していることである。これは最もはっきりしたペローの欠陥であると考えられる。そこには、父親＝救済者としての狩人の姿がなく、死は即物的なそのままのかたちで語られている。ところが民話のなかの死は、何度も繰り返すように象徴的なものであり、心のうちに棲《す》む未成熟な部分の死である。主人公の赤ずきんは狼との〈出会い〉と〈死〉とによって、子どもっぽい無知から脱し、〈再生した者〉のみが身につける知恵を手にいれる。彼女はみずからの無知を意識し、反省し、両親や兄弟の助けをえて世のなかに出てゆくことができる。その意味でこの〈再生〉のテーマは、現実原則を体現する狩人とともに欠くことのできない要素である。

子どもは、物語の展開のなかでさまざまの血なまぐさい事件にあっても傷つかない。それは彼らが、それらの事件の象徴性を了解しているからであり、そうした血なまぐささが、みずからのうちにもなんらかのかたちで棲んでいて、エスと快楽原則にしたがうことを知っている。そしてこの悪しき部分が、いずれはなんらかのかたちで現実原則の代表者によって破られて、自分のなかの良い心が死を越えて蘇生してくることを期待しているのである。

ところがもし、民話のなかにこの機能が存在しなければ、子どもは深く傷つくことになる。ペローの話のなかには、すでに述べたように快楽原則の破壊作用を制御するシステムがない。だからこの残酷さは大人を喜ばせても、子どもにとっては救いがないのである。

ベッテルハイムは、以上四つの見地から、グリムの話のほうがペローの話よりも民話として正しいかたちを示していると考える。

しかしこのような立場は、もちろん地理歴史的な民話研究者の強い反撃を受けることになるだろう。たしかに歴史的に「赤ずきん」をさかのぼれば、どうしてもドラリュやソリアノのいうように、ペローの話の方がオリジナルであるように思われるからである。しかしベッテルハイムはこれに対して、「赤ずきん」の起源を〈呑みこみ話〉として考え、ギリシャ神話のウラノスとガイア、クロノスの話と結びつけた。

ヘシオドスの語るところによれば、天地のはじまりのときにはカオスがあった。その後広い胸をもつ大地をあらわすガイアが生じ、ガイアはさらに天をあらわすウラノスと結ばれる。ところがウラノスは生まれて来る子どもたちを嫌って、つぎつぎとガイアの内なる奥処《おくか》に隠した。ガイアはこのウラノスの所業を憎み、子どもたちの一人クロノスに鋭い鎌を渡してウラノスの男根を切断させる。こうしてガイアはウラノスから解放されたが、父にも増して邪《よこしま》なクロノスはやはり息子によって倒されることをおそれて、妻のレアーの産む子どもをすべて呑みこんでしまった。妻のレアーは苦しんで一計を案じ、未来の神々の父ゼウスが生まれたとき、彼を隠し、クロノスには代わりに布をつつんだ石を与えた。そしてゼウスは成長するとクロノスを奸智によって征服し、呑みこんでいた子どもたちをすべて吐きださせて解放することになる。ここには、「赤ずきん」と共通のモチーフ、〈呑みこまれた子ども〉〈かわりにつめ込まれる石〉〈再生〉などが見られる。

ベッテルハイムはこのほかに一〇二三年にエグベール・ド・リエージュによってラテン語で書かれた物語を「赤ずきん」の原型としてあげている。

この物語には、狼たちと暮らしていた少女の話とともに、物語のうえで重要な意味をもつ少女の赤い服のことが記されている。そしてある註釈者によれば、この着物は小さな赤い帽子であったともされるらしい。とすればここに、〈ペローよりも六世紀も以前に〉「赤ずきん」の主要モチーフが出そろっていたことがわかる。すなわち〈小さな赤い帽子をかぶった女の子〉〈狼の出現〉〈生きたまま呑みこまれて、ふたたびお腹から出て来る子ども〉そして〈代わりにつめこまれる石〉である。

「赤ずきん」のヴァリアントの地理的分布を調査しなくても、ベッテルハイムのこの推論はたしかに魅力をそなえている。少なくともそこにあらわれた主要モチーフを順序よく並べれば、「赤ずきん」の物語ができあがることはたしかである。しかしそれだけでは、やはり地理歴史的な民話研究者を説得することはできないだろう。なぜならば、ベッテルハイムのこの議論は、「赤ずきん」の主要なモチーフの起源を説明することはできても、それぞれのモチーフどうしのつながりについては説明することはできないからである。

ことにギリシャ神話に見られる一連の〈呑みこみ譚〉とエグベールの物語の〈赤ずきん・狼〉とのあいだには深い亀裂があって、これを結びつける根拠はどこにもない。この点でのベッテルハイムの立論は、エーリッヒ・フロムの場合と同じ欠陥を有している。モチーフの起源の問題と連関の問題は異次元の問題で、この二つの次元の出会いはなかなかむずかしい。しかしベッテルハイムの仕事には、フロムの場合とは違って、民話を支える内的論理を明らかにする〈形式〉にむかう方向がある。

5 ❦ 民話の構造と心の構造

これまでの民話学の流れのなかで、民話のクロノロジックな展開の構造について最もめざましい貢献をしたのはプロップである。プロップはその『民話の形態学』のなかで民話を支配する機能を三十一に限定し、機能の展開に一定の順序があることを示した。

しかし今日、私たちがプロップを読むかぎりそこには機能の展開は示されていても、いかなる論理に支えられて当該の機能が登場するのかは説明されていない。だがここで、プロップの民話の構造論に、ベッテルハイムの心の構造論を重ね合わせて読みなおしてみると、この内的論理がかなりはっきりしてくるだろう。

「形式的にいえば、『加害行為』（A）もしくは『欠如』（a）の中間機能を経て『結婚』（Wo）もしくは終局として用いられるほかの諸機能（F・K・Rs等）に至るあらゆる展開を魔法民話と呼ぶことができる」というプロップの民話の定義をもう一度思い出してみよう。

プロップのこの定義は、あまりに広すぎるということで、スイスの民話研究者のマックス・リュティなどから批判を受けたことは、よく知られている。しかしここにベッテルハイムの心の構造論を導入すると、民話がなぜ機能AとWoを中心におくかがはっきりするだけでなく、AとWoをつなぐいくつかの中間機能の重要性も明確になるように思われる。

プロップの形態論で、すべての民話を開く機能を与えられている「加害行為」（A）または「欠落」（a）は、ベッテルハイムの考えでは、〈世界における新参者としての子どもの困難な状況〉に相当するといってよいだろう。これは、たとえば「ヘンゼルとグレーテル」であれば「食べ物がない／森に捨てられる」にあたり、「赤ずきん」であれば「ヒロインが、狼に呑みこまれてしまう」に相当する。

この場合、プロップのいう〈加害者／敵〉は、ベッテルハイムの〈子どもをとりまく家庭内の悪者〉であり、母親は魔女や悪い継母、父親は悪い王様、兄弟や姉妹はいじわるな兄さんや姉さんだが、この加害機能そのものは、多くの場合に、ヒロインがうっかり道草を食ったり、敵の口車に乗って扉をあけてしまったりすることによって導かれる。

これはプロップの「禁止の侵犯」(δ)機能にあたるが、禁止が侵犯されるには、当然はじめに「禁止」(γ)の機能があるだろう。ベッテルハイムはこの禁止とその侵犯を「赤ずきん」の場合には、現実原則(森で道草を食ってはいけない)と快楽原則(道草を食うのは楽しい)の相克というかたちで説明していた。家や村では、ヒロインは道草を食ってはいけないという〈良い母親〉の提示する現実原則にしたがっているのに、森ではそれを拒否して、快楽原則の誘惑に身をゆだねるのである。

さて加害行為(A)または欠落(a)によって困難な状況におかれた主人公は、いよいよその状況の克服にかかるが、多くの場合、主人公はハンディキャップを背負っていて、一人では問題を解決できない。そこには必ずといってよいほど、援助者があらわれる。それは「シンデレラ」の妖精や「白雪姫」の小人、「長靴をはいた猫」の猫などだが、援助者はただでは主人公を助けてはくれない。白雪姫は、小人の家で食事の用意や洗濯や掃除をしなければならない、シンデレラは約束を守って、なにがあっても十二時には城をでなければいけない、「長靴をはいた猫」では、猫のために長靴を用意しなければならない。

主人公は、援助者のおかげで、人食い鬼をやっつけたり、ガラスの山にのぼって王女から金のリンゴをもらったり、時にはドラゴンを退治して王女を助け出したりすることができる。

こうして加害行為（A）もしくは欠如（a）は、解消され（K）幸せな結婚（Wo）にむかうようにみえるが、そのまえに主人公は、あとひと山こえなければならないこともある。殺されたはずのドラゴンには兄弟がいて、これが主人公を石に変えてしまったり、せっかくドラゴンを倒したのに、悪い大臣があらわれて手柄を横取りしてしまったり、さまざまの苦難が待ちうけている。

プロップはこれを「魔法の手段の贈与者の最初の機能」（D）「加害者との闘争」（H）と「勝利」（J）「難題」（M）とその「解決」（N）、「にせの主人公のうその主張」（L）とその「処罰」（U）などの機能のグループにまとめているが、ベッテルハイムは、この試練とその克服の問題、あるいは援助者の問題の一つひとつを、子どもが精神の未熟部分を切り捨てて成長するための試練、あるいは家庭における他者への信頼の回復の過程と考えている。

このような検討をさらに広げて、プロップのいう機能の一つひとつを、ベッテルハイムの視点で細かく検討してみれば、実り豊かな結果となるだろう。

しかし形式の問題で、最後に一言ふれておきたいことは、ベッテルハイムの考察が時にはプロップをしのぐこともあるということである。

私たちは、「むかし、むかしあるところに」という民話の語りはじめのもつ大切な役割について指摘した。この〈はじまりの状況〉に関するベッテルハイムの説明は、これまでなされたどの解釈よりも、私たちを納得させる力をもっている。

そこで、さらにもう一つの民話の形式の問題に、ベッテルハイムの理論を適用してみよう。それは民話に固有の三倍化の法則である。

ベッテルハイムは「三びきの子豚」、「三まいの羽」、「三びきの熊」、「白雪姫」、「シンデレラ」などを分析対象としているが、残念ながらまとまった分析例がない。そこで、日本の「なしとり兄弟」を例として考察をすすめよう。

「なしとり兄弟」の冒頭には、「どうしても山なしが食べたい」という病気の母が登場する。そこで三人の息子が、一人ずつ山にむかい、最初の二人は失敗して沼の主に食べられてしまう。途中の山地で出会った老婆の忠告を守らなかったためである。

しかし一番下の弟だけは、慎重にこの老婆のいいつけを守って山なしをとり、沼の主を退治して二人の兄を救い出す。母は山なしを食べて回復し、四人は幸せに暮らす。

問題はこの三人の兄弟と三回の試練である。すべての民話の語りにほぼ共通のことだが、この三回はまったく正確に、言葉づかいまで同じように繰り返されるのが一般である。ベッテルハイムはこの問題には直接答えてはいないが、彼の理論にしたがえば解答は容易である。

世界の新参者である子どもは、なにかの不足（プロップのa）に出会っても、すぐにはそれを解決できない。そこには、決まって試行錯誤がある。三人兄弟の冒険譚は、この問題を抱えた子どもの何度かの試みと失敗、そしてそれにともなう心の成長を示している、と考えられないだろうか。

心の成長という視点から考えると、三人兄弟は、じつは三人ではなく、一人の問題を抱えた子どものである。最初の二人は、子どもの二度にわたる試行を示す。彼らは、まだ充分に成熟した魂をもっていないので、あまりに性急すぎて仕事に失敗する。三人目はこれに対して、二度の失敗を通じて充分に経験をつんでいるので、自分の力の限界をよく知っている。彼は慎重に助力者の忠告を聞き、正しくことをはこんで目的のものを手にいれる。

「なしとり兄弟」の三人の息子が、じつは一人の主人公の三倍化であることにはもう一つの根拠がある。それは失敗した上の二人の兄弟が、末の弟の手によって化物の腹のなかから助け出されるくだりである。彼らは、魔法のおわんで沼の水を飲むと元気になるのだが、この〈再生〉はベッテルハイムのいうとおり、未成熟な心が〈象徴的な死〉を通過することによって経験をつみ、ついに立派に成長したことの証しである。二人の兄は、この場合末の弟の未熟な魂であるからこそ、彼の仕事が成功することによって罰を赦《ゆる》され、救出される。聞き手である子どもたちは、この再生によって肩の重荷をおろし、深く安堵することができるのである。

三倍化は、もちろんいつも三人兄弟によって行われるものではなく、場合によっては一人の主人公によって同じ種類の探索が三度繰り返される場合もある(アファナーシエフの民話集のなかの「イワン王子と火食鳥と灰色の狼」など)。あるいはまた、三人兄弟のうち上の二人がまったくの悪人である場合もある(同じく「豪胆な勇士と不死の林檎と復活水」など)。

しかし三人兄弟の場合には、大体、一番下の普段は馬鹿あつかいされている少年が、おおかたの予想に反して大切な使命をまっとうする(たとえば「イワンの馬鹿」など)。

これはすでに述べたように、物語の聞き手である子どもがいつでも両親から充分に評価されていないという不満を感じたりして、さまざまの劣等意識に悩んでいることへの一つの答えである。子どもは、自分と同じく幼い心のもち主が試練にたえ、成長する様を耳にし、生きることへの明るい励ましを受けとるにちがいない。

ともあれ、こうして民話の形式の謎を解くことは、民話研究に新しい展望を与えるのみならず、精神分析にいっそうの奥行きを与えることになるだろう。私たちはつぎに、こうしたベッテルハイムの視点を援用しながら、民話の文学としての形式について考えてみようと思う。

6 ❖ 三人兄弟の冒険

私たちが一般に〈文学〉と呼ぶものと〈民話〉とはいったいどこで別れ、どこでまた行きあうのか。これは大きな問題である。私たちはこれまでベッテルハイムの考えに沿って、民話を子どもたちのものと考えてきたのだが、これはもちろんきわめて限定された視点からみた話だ。

神話や伝説とともに、民話の語りが、宗教的な儀礼や祭りと結びつき、大人たちの〈聖〉の世界を構成していたことの痕跡はいたるところにある。今日私たちは、この聖なる世界をほぼ確実に失いつつある。〈文学〉は、こうした台頭する〈俗〉世界の象徴とすらいえるが、民話がその聖性を失いながらも、なお〈俗〉なる日常世界のうちに息づき、文学のうちにもそのかたちが継承されていることは、容易にみてとることができる。

私たちはここで、シェイクスピアのいくつかの戯曲を素材として、この問題を考えてみよう。彼は、ちょうど〈聖〉と〈俗〉の出会うルネッサンス晩期の人なので、材料として具合いがよい。たとえば『ハムレット』や『リア王』や『ヴェニスの商人』にも、『なしとり兄弟』や『三びきの子豚』と同じ三倍化の法則が紛れ込んでいる。

レスリー・ブルックスの描いた「三匹の子豚」(1905年)

まず『ハムレット』だが、そこには父親を失った三人の息子が登場する。一人はノルウェーの王子、フォーティンブラスだ。彼の父は先王ハムレットとの戦いに敗れ、領地を失い無念のうちに死んだ。しかも現ノルウェー王は彼の叔父である。彼はこの叔父とあまり折り合いがよくないらしい。つぎはデンマークの王子、ハムレット。彼の父は現王であるクローディアスの策略によって殺された(と少なくとも甥のハムレットは考えている)。彼の母は、現在クローディアスの妻である。三人目はレイアーティーズだ。彼の父はタピスリーの陰に隠れていたために、ハムレットに殺された。妹のオフィーリアは、ハムレットに弄ばれて狂死した。彼らは三人とも、父の仇を討ち、その名誉を回復することを望んでいる。彼らはすべて不遇である。

しかしその実現にあたってレイアーティーズは、激情にかられ思慮を欠いたために、クローディアスの謀略の手先となり、死ぬ。また思慮を重ねたはずのハムレットも、つねに逡巡し、決断を欠き、迷いぬいた末、死ぬ。ただフォーティンブラスだけが生き残り、ポーランドを下し、デンマークを手にいれる。

さてこのフォーティンブラスとは誰か。彼は、この五幕二場の芝居の最後にたった一度しか登場しない、まったくの端役である。しかしこの端役は、劇の終わりを引き受けるばかりではなく、これまでも劇の節目ふしめに影をおとした、いわば噂の人である。彼は、ハムレットの言葉をかりるならば、「一身の面目にかかわるとなれば、たとえ藁しべ一本のためにも、あえて武器をとる者」(福田恒存訳)、しかもまた眈々として時をうかがうしたたか者である。

これを今、民話に固有の三倍化の法則、三人兄弟物語と重ねあわせてみる。つまりハムレットとレイアーティーズの二人は、『なしとり兄弟』の山に梨をとりに行きながら、不注意によって命をおとす兄である。彼らは理性を正しく用いるすべを知らない。ハムレットは「物事を先の先まで考えすぎて身うごきできない」。それに対してレイアーティーズは、暴徒の先頭に立ち、武装して城に踏み込む。ただフォーティンブラスだけが、慎重にしかも有効に理性を用いている。ちょうど老婆の忠告に従い、勇敢に沼の魔物と戦う末の弟のように、目的の王位を手にいれ、父の汚名をそそぐのである。

しかしこうして一つの解釈を示してみてもシェイクスピアの劇の構造は重層的であり、さまざまな視点からの解釈を許す多義的な構成を有している。だから、私たちもこの読み方を唯一のものとして固執するわけではない。だがこの〈民話〉的なレクチュールも、劇に捨てがたい幅と奥行きを与えるものではないかと考える。また幸いなことにシェイクスピア劇の全体を見ても、三倍化の法則が働くのは『ハムレット』だけではない。というよりこの〈三人の王子〉のケースは、なかでもかなり複雑な場合であり、もう少し見やすい例が少なくともあと二つある。そのことにはじめて目をつけたのはフロイトであった。

フロイトは晩年に書かれた「小箱選びのモチーフ」という小論のなかで、シェイクスピアの『ヴェニスの商人』と『リア王』の〈三〉の意味に言及してこういっている。

シェイクスピアの場面が（ひとつは明朗な、ひとつは悲劇的な）、最近私にちょっとした問題を提起し、ついでそれを解釈する機縁を与えてくれた。（S・フロイト、一九六九、八二頁）

明朗というのは、もちろん『ヴェニスの商人』の方で、求婚者たちの行なう三つの小箱選びである。主人公のポーシャは父の命令に従って、三人の求婚者たちに金、銀、鉛でつくられた箱を選ばせる。正しい箱にはポーシャの肖像が入っており、ポーシャはその箱を選んだ者を夫とする。結果は、今さらいうまでもなく彼女の恋人のバッサニオが見事鉛の箱をひきあて、彼女の肖像を見いだすのである。

しかし問題は、なぜこのような三つの小箱があり、しかもそのなかで一番貧しいはずの鉛がよしとされたのかということである。フロイトは、鉛の意味が〈蒼さ〉と〈沈黙〉であることからそれを〈死〉の象徴とみる。そして死は運命の下にあり、死の運命を司るのは〈三人〉の娘、つまりモイラの三である。もちろん『ヴェニスの商人』には死の影はない。しかしその不吉な鉛の箱のなかにポーシャの肖像があり、死のあるべきところに愛が見い出されたのは、一つの願望の逆転、反動形成以外のなにものでもない。

そのことは、シェイクスピアのもう一つの作品、あの悲劇的な『リア王』をみればよくわかる。『リア王』にあって、この不吉な三をなすのは、三人の娘、リーガン、ゴネリル、コーディリアである。

年老いたリア王は、三人娘にむかって、まだ存命中に、領土を彼女たちの示す愛情に比例して、分割する決心をする。上の二人はここぞとばかりに愛の言葉を誇示するが、末の娘は沈黙する。モイラの三人娘たち（ここではリア王の三人の娘たち）は、フロイトに従えば、「生む女（＝母）、性的対象としての女（＝妻）、破壊者としての女（＝大地）であって、それはつまり男にとっては不可避的な、女に対する三通りの関係」なのである（S・フロイト、一九六九、九一頁）。死に瀕したリア王は、女に対して愛を求めた。しかしそれは空しい。彼にはもはや、母の愛も、妻のやさしさもない。残されているのは、最後に彼を抱きとる母なる大地である。

近代戯曲における悲劇のクライマックスの一つ、つまりリア王がコーディリアの死体を舞台に運んでくる、あの震撼的な最終場面を思い出していただきたい。コーディリアは死である。状況を逆にしてみれば、彼女はわれわれに理解しうるもの、親しいものとなる。すなわちそれは、ドイツ神話の『ワルキューレ』のように、死せる英雄を戦場から運び去る死の女神なのである。原始神話の衣をまとった永遠の叡智が、老人に愛を断念し、死を選べ、死ぬという必然性と和解せよ、と勧告しているのである。（S・フロイト、一九六九、九一頁）

フォード・ブラウン（1821–1893）の描くリア王とコーディリア

フロイトは、こうして三つの小箱と三人の求婚者、さらには三人の娘の意味を解く。そして彼の『リア王』についての読みの深さは、いまさらながら私たちを驚嘆させずにはおかない。それは、おそらく彼自身が老年の訪れとともに、いつしかみずからの死を思い、タナトスの時代に移行したためかもしれないが、それだけにもう一つの明るい戯曲『ヴェニスの商人』についてのつっこみが足りないのが悔まれる。いじわるくいえば、〈三〉の象徴に対する思いこみが激しすぎたために、一方では成功したが、一方ではしくじってしまったのだ。およそこれは、フロイトのみならず精神分析的方法の一般的欠陥である。象徴というものは、その形式が普遍的であればあるほど多義的に、作品に即して解釈してゆくべきものなのではあるまいか。

そこで私たちは、フロイトの〈三〉についての象徴解釈についてはここまでにして、『リア王』のなかでもう二つ三つ民話的形式について気のついた、些細な点を指摘してみたいと思う。

その一つは、〈処罰〉の機能とその現実的な厚みの欠如についてである。『リア王』のダブル・プロットのわき筋にグロスター公にまつわる〈目〉の話がある。

リア王に良い娘と悪い娘がいたように、グロスター公には良い息子エドガーと悪い息子エドマンドがいる。彼は三幕七場でエドマンドの裏切りに遭い、リーガンの夫コーンウォルに目をくりぬかれる。

リーガン　なぜ［リア王を］ドーヴァーへ送った。
グロスター　なぜと申せば、あなたが残忍な爪であの気の毒な老人の目をえぐりとるのをみるにしのびんからじゃ。（……）
　このような娘どもにはかならず天罰が下るのが見られるわ。
コーンウォル　見られるものなら見てみろ。おい、椅子をおさえておれ。きさまのこの目玉をふみにじってくれる。
　グロスターの目をくり抜き、地に投げてふみにじる。
グロスター　年をとるまで生きていたいと思う者があったら、助けてくれい。おおむざんな、お

お神々。（三神勲訳）

これは、リアリズムからほど遠い大時代的な仕掛けである。もちろん最近では舞台装置も進歩しているから、舞台上でも血をまき散らすことができるだろうが、この場面の迫力を本当に目をくりぬかせることによって仕上げるのは無理だし、無駄である。グロスターが、リアルに苦痛を演じるのは、滑稽だろう。

しかしそれでは、どうしてグロスターは目をくりぬかれのだろうか。

ここで思い出してほしいのは、グリム版の「シンデレラ」で、二人の姉が小鳥に目をついばまれる最後の場面である。そこにも、やはり苦痛の表現はなかった。

二人がどうして目を失うかというと、彼女たちが化粧やドレスなどという見せかけの美しさに心を奪われて、魂の内面の真実を見なかったためである。

民話の世界では、真実を見ない目はなくてもよい。ただちに〈処罰〉が下されて、取りのぞかれてしまうのだ。

グロスター公が目をくりぬかれる経緯はこれとよく似ている。彼は、主人のリア王と同じように、本当は良い息子のエドガーを愛している。ところが途中からエドマンドのたくみなかけひき、ことに美しい言葉と目に見える芝居とによってあざむかれ、エドガーを追い出してしまう。つまりシンデレラの二人の姉たちのように、グロスターの目には人間の内面の真実が映らない。だからこの役立たずの目は処罰されてしまうのである。ちょうど民話の世界で悪い未成熟な心が象徴的な死によってつぐなわれるように、グロスター公の目もくりぬかれてしまうのである。

もちろん、この役立たずの目をくりぬくというモチーフは民話の世界だけにあるわけではない。たとえばソフォクレスの『エディプス王』においても同様であった。彼はみずからの宿命のおそろしい真実を見ぬくことなく、父を殺し、母をめとった役立たずの目を、みずからの手で処罰する。彼は連綿とつづくテーバイ王家の宿命の下にくだり、流浪の旅に出る。

しかし『リア王』のこの場面を読むかぎり、グロスターの大袈裟でグロテスクなセリフはギリシャ悲劇の荘重さには似つかわしくない。おそらくこの一節はギリシャ悲劇より当時よく見られた道徳劇の伝統に属するものだが、この民衆劇の伝統こそ、そのくったくのない象徴性において、民話と多くの共通部分を有していたのである。

シェイクスピアは、この場合、まさに現実の重みと手を切ることによって、芝居の奥行きを広げ、〈リアリズム〉の域に達しているのである。これはいささか逆説的だが、彼の手法の真実であろう。

グロスターを中心とするわき筋は、主筋がたいがいの芝居を終えたところで、その意味を木霊か影のように繰り返す。

主筋ではリア王が、裏切られ怒りに胸をひきさかれて、ちょうどあのエディプスがアンチゴネーに手をひかれて町に出たように、道化とともに嵐の荒野にさまよい出る。これは激しく重たい、おそろしい怒りである。しかしわき筋のグロスターにはこれほど激烈な感情の表現は許されていない。彼はリア王の分身にすぎず、主人の行為をよりいっそう象徴的なかたちで繰り返さなければならない。だから彼は、鋭い言葉で内面を吐露するかわりに、誰が見てもその隠された意味がわかるように、不様に目をくりぬかれてしまうのである。

わき筋のもつ象徴的な意味の照り返しは、第四幕六場のグロスターとエドガーのドーヴァー道行きできわまっている。この場面についてはヤン・コットのすばらしい批評があるが、このくだりは主筋というより劇そのものの全体を偶意的にうつし出す鏡である。そして、シェイクスピアがこの場面にあっても、中世以来の民衆的な伝統のイメージ（聖書から発し、ブリューゲルも描いた）盲人の行進のたとえを借りていることは注目すべきである。

この場面で、エドマンドによってあざむかれて盲目となったグロスターは、白痴の乞食をよそおう息子エドガーに手をひかれて、死を求めてドーヴァーにむかう。そして彼はこの道行きの果に、ニセの崖からとびおりてきわめて象徴的な死をとげる。彼はこの死によってはじめて真実（エドガー）と出会うことができるのである。

一方そこでグロスターと再会するリアも、完全に〈理性の目〉を失い、世俗の王としては死んでいるが、そのために彼の言葉からこれまでにない真実があふれ出す。ちょうど民話の主人公たちが、試練を経て〈死〉と出会い、子どもっぽい無知を失って、再生した者のみが身につける知恵を得るように、リア王とグロスターは虚偽の世界を抜け出して真実に至るのだ。

『ハムレット』『ヴェニスの商人』『リア王』だけではなく、シェイクスピアの作品のうちには、民話の仕掛けが、ほかにもたくさん見られる。

考えてみれば、ベルが鳴って幕が開き芝居がはじまるあの仕掛けは、「むかし、むかしあるところに……」ではじまる民話の語りと同じである。それまでざわめいていた観客席が静まり、みんながそれぞれの日常生活を離れて舞台の世界に引き込まれる。それは、民話に耳をかたむけて「ふしぎな世界」を旅する子どもたちと同じである。

最後に幕がさがって、芝居が終わると、ブラボーの掛け声やカーテンコールとともに、現実世界のざわめきがもどってくる。これもまた「めでたし、めでたし」という結びの言葉で現実生活に連れもどされる子どもたちと同じである。

こうした〈文学〉の仕掛けは、シェイクスピアの時代から、現代まで変わらない。本のページを開けば、話の世界がはじまり、閉じれば現実にもどる。これは、アイパッドやキンドルなどの電子書籍でも同じことだ。

〈文学〉も〈民話〉も、読む者や聞く者を、物語という「ふしぎな世界」へいざなう装置であることにかわりない。民話の語りの「むかし、むかしあるところに……」というはじまりの言葉と、「めでたし、めでたし」という結びの言葉のあいだには、さまざまの「ふしぎ」が織り込まれている。この「ふしぎ」の謎を解こうとしたプロップやベッテルハイムの仕事が、文学の研究者のあいだで大歓迎されたのも、当然といえば当然のことである。

⁂註

＊1　フロイトは、子どもの心が口唇期（Oral stage）、肛門期（Anal stage）、男根期（Phallic stage）という三つの心の発達段階（ステージ）を経て成長してゆくと考えた。口唇期は、母親の乳を吸う口に快楽の中心があるが、肛門期は排泄のコントロールをする肛門に快楽の中心が移る。男根期には性器に快楽の中心が移行し、ペニスのある男子とペニスのない女子は、互いの違いを意識する。子どもによって、その発達はまちまちだが、一般に口唇期は出生時から二歳頃まで、肛門期は二歳頃から四歳頃まで、男根期は三、四歳頃から六歳頃までとされる。子どもが、時として、一つのステージからつぎのステージへの成長を拒むと、快楽の中心が口唇期、肛門期、男根期に「固着」し、さまざまの障害を生み出すことがある。また、いったんつぎのステージに足を踏み入れたはずの子どもが、前のステージに後もどりし、「退行」によってトラブルを起こすこともある。ベッテルハイムは、民話が子どもたちの心の葛藤や不安を取り除き、固着や退行の危険をおさえ、一つのステージから、つぎのステージへのスムーズな以降を促す機能をもつと考えている。

＊2　〈お菓子の家〉をただちに空腹と食欲に結びつけることは、あまりに素朴な解釈と思われるかもしれない。しかしベッテルハイムと同じく収容所体験をもつフランクルは、そ

の『夜と霧』の中で飢餓に悩まされた囚人たちがどれほど熱烈に果物のパイを夢見たかを語っている。彼はそこから「最も素朴で原始的な要求充足が欠如していることが、最も原始的な願望の夢において充たされるのである」と書いている。（V・フランクル、一九八五、一一二―一一七頁）

＊3　フロイトは、心の基本的な構造を、自我とエスと超自我の三つの領域に分けて考えた。簡単にいえば、自我というのは「私」であり、エスは「無意識」であり、超自我は社会的ルールや良心のように、私や無意識に対して倫理的に働きかける。私たちは、けっしてエス（＝無意識）を意識化することはできないが、誰でも、そのつよいエネルギーとのあいだでさまざまの葛藤を繰り返す。この葛藤は、子どもたちに対しても容赦なく襲いかかる。ベッテルハイムは、民話が夢と同じように、意識と無意識のあいだにある境界をこえて、日常世界ではけっして越境することのできないエスの世界に入り込み、心の葛藤を解き放つ働きをもっていると考える。

第Ⅴ章

#「青ひげ」とジル・ド・レ

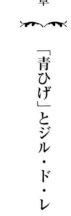

「青ひげ」は血と恐怖の物語である。一六九七年に公刊されたペローのこの話は、たちまちフランスと近隣の諸国に大きな影響を及ぼし、さまざまのかたちで土着化していったにちがいない。たとえばグリム兄弟は、『童話集』の初版に「赤ずきん」や「シンデレラ」と一緒にこの「青ひげ」を収めているが、後にペローの話であることを知って、第二版以降はこれを注意深くはぶいている。フランスの話が、いつの間にかドイツの片田舎に根づき、花開いた一つの面白い例である。日本でも、おそらく青ひげといえば誰でも知っている。たとえペローの話は知らなくても「あいつは、青ひげだぞ」といった一言は、誰にでも理解されて、たちまち噂になり広まってしまうにちがいない。

しかし「青ひげ」は民話なのだろうか。これには二つの点で疑問があった。一つはペローの話があまりに十七世紀の日常生活に忠実で、しかも美しく洗練された〈文体〉をもっていること。そして本来の伝承民話にあるべき超自然的要素が少ないということである。そこには援助者としての動物も、妖精も、鬼もいないし、他界での冒険や変身もなく、ただヴェルサイユ風の貴族の生活があるだけだというのである。

そしてさらに第二の疑問は、この話にはなにか歴史的事実とか、それにもとづく伝説があり、それをペローが文学化したのではないかということである。すでに、一八二六年版のペローの

『昔話』の解説のなかでコモン・ド・プランシイは、青ひげは十四世紀の大貴族ジル・ド・レであると主張しているし、ほかにも、青ひげを六世紀のブルターニュの王コモールに結びつける説がある。もちろんこの二つの疑問は、かなり昔のものであり、すでに解決ずみといえるのだが、私たちは、これをもう一度一つの手がかりとして、いくつかの問題を考えてみたい。

1 「青ひげ」は民話か?

ロンドンで刊行された『ペロー民話集』の挿絵(1729年)

ポール・ドラリュはそのよく知られたカタログのなかで、青ひげの話を三つにわけている。すなわちT311、T312A、T312Bがそれである。これはアアルネ=トンプソンのインデクス番号とほぼ一致する。T311というのは、グリムの46番「フィッチャー鳥」によって代表される話だが、三人の娘が怪物によってつぎつぎとさらわれる。(この際、怪物というのは、人間であっても、悪魔であっても、人食い鬼であっても、動物であってもよい)娘たちは、それぞれ怪物によって禁じられた部屋をのぞき、二人の姉は殺される。末の娘だけが難をのがれて、殺されていた二人の姉を生きかえらせ、怪物を退治する。

T312Aというのは、ペローの「青ひげ」のタイプであり、T312Bは、その「青ひげ」のなかから禁じられた部屋のモチーフをのぞき、キリスト教化した話である。二人の娘が悪魔にさらわれ、殺されかかるが、神の助けによって救われる。(P. Delarue & M.-L. Tenèse, 1976, pp.182–199)

妻に鍵を与える青ひげ(ギュスターヴ・ドレ、1867年)

ドラリュは、この三つの話のうちT312Aをフランスに特有の民話であると考えた。ペローの「青ひげ」は、伝承に大きな影響を与えたに違いないのだが、伝承された話のなかには、ペローの話にない特徴がはっきりみられるというのである。そこでまず、ドラリュが典型話として『カタログ』(P. Delarue & M.-L. Tenèse, 1976) にあげている話を紹介してみよう。

ジャックおじさん

むかしむかし六人の妻を持ち、その六人とも殺してしまった男がいました。男は七人目の妻をもらうと旅に出て、お城のいろんな鍵を妻にわたしてゆきました。

「いいかいお前、この小さな鍵があるだろう。これはこの部屋の鍵だよ。けれどもけっしてここに入ってはいけない。入ったらおしまいだよ」

夫が出発するとすぐに、妻は扉を開けました。するとそこにはあの六人の妻たちが、花嫁衣装をつけてぶらさがっていたのです。妻はとてもおどろいて、夫が首を切った血だまりへ鍵を落としてしまいました。

扉をとじると何度も鍵を拭きましたが、その血はとれません。

けれどもあちこちのお城の部屋を見ているうちに、塔のてっぺんにつきました。そしてそこには青ひげに閉じこめられた一人のおじいさんがいたのです。

「ここでなにをしているの、おじさん」

「わたしは、ジャックおじさんだ。青ひげが、ずうっと前からわたしをここに閉じこめているんだよ」

(ほかの妻たちは、いままで一度も塔にのぼらなかったのです。)

彼女は、おじいさんに自分の食べ物をはこんできてあげました。

ジャックおじさんは、青ひげがおじさんをこの塔に閉じこめたのは、お城にだれかやって来たとき、それを青ひげに知らせるためだとおしえてくれました。妻は、自分になにがおこったか話しました。

「夫は、わたしに小さな部屋に入ってはいけないよと言ったんです……」

そして彼女は鍵をぬぐいました。

「ああかわいそうに！　なんてことをしたんだ！　あの女たちとおんなじことになっちまう……」

「ああ」

「青ひげは、六人の奥さんを殺しちまった」とおじいさんは言いました。「殺すまえに足のしたになんか通して、笑わせて、それから痛いめにあわせたんだ」

その女の人には、いつも家族と行き来している一匹の小さな犬がいました。そこでその犬の口へ手紙をいれて、兄さんたちのところへ走らせました。手紙にはこう書いてありました。

「お兄さん方、すぐ来てください。夫がわたしを殺そうとしているのです」

青ひげは、旅から帰ると妻にこう言いました。

「わたしのあげた鍵をもっておいで」

彼は小さな鍵が血にそまっているのをみると、

「お前はわたしにそむいたね。お前は、お前のみたあの連中と同じようになるんだ。さあ部屋にのぼって着ておいで。お前の花嫁衣装を。そしておりてくるんだよ！」

小さな犬は風のように走りました。女の人はお化粧をして、夫を待たせておいたのです。

「もう用意はできたかい、奥さん」

「いまレースのペチコートを着て、きれいな靴をはいているところよ」

「ジャックおじさん、まだなんにも来ないの」

「いいや、なんにも見えないよ」

そのあいだに、青ひげは刀をとぎました。

「とんがれ刀、ピンといけ、きれいな娘の首を切るために」

「もう用意はできたかい、奥さん」

「まだよ、コルセットとオレンジの冠をつけているのよ」

「ジャックおじさん、まだなんにも来ないの」

「来たとも、兄さんたちが馬にのって風のように走ってくるよ」

「もう待ちきれないよ、奥さん」と青ひげは言いました。「早くしておくれ！」

「あとは帽子をかぶって、レースのハンカチを持つだけよ」

「ジャックおじさん、まだなんにも来ないの」

「兄さんたちが着きましたよ、奥さん」

「はあい、用意ができました」

青ひげは刀をもって、妻の首を切りにやってきました。でもちょうどその時、兄さんたちがやって来て、青ひげの首を切りました。

そこで女の人は兄さんたちに、塔の上にジャックおじさんが閉じこめられていると言いました。兄さんたちは、ジャックおじさんを助け出し、一緒にお城にすむことになりましたとさ。

これは、フランスのヴァンデ地方ヴェリュイエール村に住むルネ・シェーヌ夫人が、一九五〇年五月に民話研究者ジュヌヴィエーヴ・マシニョンに語った話である。シェーヌ夫人は、この話を母親から聞いたといっている。

この話をペローの「青ひげ」と読み比べてみるとすぐに気がつくことが、いくつかある。それはまず語りと文学作品との〈スタイル〉のちがいである。語られた「ジャックおじさん」には、「青ひげ」のような細かな導入部はなく、ただちに話の核心が展開される。娘は、物語のはじめから男と結ばれており、ペローの文学にみられる結婚への〈ためらい〉とか美しい生活への〈憧れ〉といったものはない。そこには、一切の心理描写が欠如しているのである。

青ひげの最後（ギュスターヴ・ドレ、1867年）

そしてまた、主人公の男も城の主であるらしいのだが、ジャックおじさんが登場するまで青ひげとは呼ばれない、まったく性格不明の人物である。そしてそのかわり、核心となる娘と青ひげとのやりとりのなかでは、「ジャックおじさん、まだなにも見えない？」という三度の繰り返しがきちんと守られる。マックス・リュティなら、抽象的形式とでも呼んだであろう民話の約束が、そこには、はっきりとみられる。

しかし、こうしたスタイルの相違以上に重要なのは、おそらくモチーフの問題であろう。たとえば、「ジャックおじさん」の場合に主人公が危機におちいると、それを知らせに兄さんたちのところに走るのは一匹の仔犬である。これは「二人兄弟」とか「魂のない巨人」(日本の場合なら「桃太郎」とか「猿神退治」)でおなじみの援護者としての動物だと思うが、ペローの場合にはこれがない。兄たちはちょうどその日に来る約束になっているだけである。これは、ペローが昔話を発表した十七世紀の貴族社会にはもう合理主義が支配的で、ふしぎな力をもった動物への信仰が失われてしまった証拠だろうか。

また娘がいよいよ殺されそうになった時、「青ひげ」では、時間かせぎに娘はお祈りの時間を下さいと頼む。「死んでもらわなくてはならんよ、奥さん、それも今すぐに」「どうしても死なねばならぬのでしたら(……)神さまにお祈りする時間をすこし下さい」というわけである。「ジャックおじさん」では、これがむしろ殺人者の注文であって、死の装束(花嫁衣装)を身につける化粧の時間になっている。花嫁はペチコート、靴、コルセット、花冠と一つひとつ数えあげてゆくが、伝承の「赤ずきん」にもこれと同じ仕掛けがあって、赤ずきんが狼のベッドに入る前に衣装を一つひとつ数えて脱いでゆく。ドラリュが、この仕掛けを子どもの遊びと結びつけて考えているのは興味深い。残酷な数え唄のようなリズムのなかで緊張が高められてゆくのである。ペローに古典的な〈文体〉があるように、伝承にも語り独自のリズムや形式がある。

ドラリュのこうした考察をふまえて、ペローの研究をもう一歩おし進めたマルク・ソリアノは、これにもう一つ〈のぞいてはいけない部屋〉の問題をつけ加えている。つまり伝承の場合には、このタブーはタブーとして断固とした調子で、理由の説明なく娘に与えられるのに、「青ひげ」では、いわば女性不信におちいった主人公の娘の心を試すテストとして言いわたされるというのである。だからもし娘が誠実であり、その好奇心を抑えることができれば、娘は死ぬこともなく結婚生活をまっとうし、青ひげ自身の魂も救済されるという仕掛けもみえている。ペローの青ひげは、それゆえ淋しいドンジュアンという風に読めないこともない。(M. Soriano, 1968)

しかしソリアノは、それもこれも含めて「青ひげ」のヴェルサイユ化やキリスト教化には批判的である。つまり十七世紀のルイ王朝の宮廷人であるペローは、当然アカデミーの会員としての自分の趣味や、読者であるサロンの女たちの生き方を強く意識していたし、青ひげは、まさに当時の貴族の合理主義とシニスムに彩られ、美しい生活に対する憧れに従って生きていたというのである。

彼は(大金持ちであった作者のペローと同じく)、町と田舎に家を持ち、豪華な家具と装飾に囲まれて生活している。金の馬車で外出し、つづれ織りのベッドでやすんでいるが、本当に女に愛されたことはない。一方また娘は、身分も高く美しいが、青ひげにひかれたのは、その富と快楽に満ちた生活の故である。娘の二人の兄は、あの『三銃士』たちの仲間、龍騎兵と近衛兵であって、青ひげを殺すと、その富によって二人は隊長の位を買ってもらって出世する。そこには露骨な政治すら姿を見せている。

こうした時代精神に骨の髄まで染まっているペローが、〈妻に花嫁衣装をつけて殺す〉などという異教的なモチーフを許すはずがない、というのがソリアノの主張である。娘は、キリスト教徒として死を前にして「神様にお祈りする時間」を求めなければならないし、青ひげもまた猶予の時間を「十五分の半分」くらいは認めざるを得ないのである。

しかしこうしたキリスト教化は、本来の「青ひげ」を構成しているモチーフとそぐわず、話を色あせたものにしてしまっている。明るいわらべ唄のリズムのなかで、娘が死の装束〈花嫁衣装〉を一つひとつ身につけてゆく仕掛けは、キリスト教化によって、本来の民話のもつ味わいを奪ってしまったというのである。

しかしいずれにせよペローの「青ひげ」は大きな成功を収めた。それはたしかに文学的成功と呼ばれるものであり、今日の再話の問題、伝承と文学、さらに時代精神と文学の問題を考えるうえで興味ぶかい。

そこには、たとえばすでに述べた〈文体〉のような、文学固有の問題もあるが、これも伝承と独立の問題として考えるのは大きな誤りである。ペローが、語りのリズムによっていかに自分の作品を豊かにしたかは、「青ひげ」の娘と主人公とのやりとりを伝承資料と比べてみればすぐにわかる。

しかしそれとは逆に、ペローの文学的成功によって伝承が強い影響をこうむった部分もある。

たとえばそれは、青ひげという主人公の名前である。はじめに述べたように「青ひげ」という話を知らなくても、今日では青ひげという主人公の名前は知っている人が多い。

ところが、フランスの伝承を調べてみるかぎり、青ひげの名はこの話とは必ず結びつくものではない。

ドラリュの調査当時に、フランスおよびフランス語圏諸国には312Aに相当する話は三十九あったが、主人公の名は青ひげのほかにトルコ皇帝の息子、赤ひげ、金ぴか服などいろいろある。またその身分も貴族、紳士、人食い鬼、悪魔、巨人などさまざまである。

しかしこの話のかもしだす独特のおそろしさは、あの青いひげの正体不明の男に結びついているといえるだろう。この男は、ほとんど無尽蔵の富を有している。しかし「不幸なことに青いひげがはえていて、そのために、とても醜くとてもおそろしげに見え、どんな女も娘もその前から逃げ出さずにはいられなかった」のである。

青いひげという架空の属性と血の密室とを結びつけたのは、おそらくペローの文学であろう。実際には「青いひげ」などというものは、存在しないし、たとえまたなにかのはずみでできあがっても、それは少しも怖くはない。むしろ「すみれ色のなみだ」と同様、滑稽である。それが人々の心をとらえ、ちょうどこの「ジャックおじさん」の場合のように、名なしの主人公で出発した話が、いつの間にか、申しわけなさそうに「青ひげ」と呼び改められたりするようになったのは、たぶんペローのせいであり、伝承はそのおかげで、いっそうの恐怖のイメージを手にいれたのであろう。

だからペローの成功は、彼が伝承の世界と十七世紀古典文学との十字路に立ち、彼の生きた時代の文化が伝統と出会ったところに成立したといってよい。

ペローは一方においてみずからの時代の〈文体〉に忠実であり、いくつかのモチーフを時代精神にのっとって改変した。しかしもう一方では、伝承のモチーフにきわめて素直にしたがっている。彼の「青ひげ」の恐怖の中心には、あの拭いても拭いても消え去らない血のしみがあり、けっしてのぞいてはいけない小部屋がある。この二つの中心モチーフについては、ここでは触れないが、この伝統的な物語の仕掛け抜きには、「青ひげ」の成功は、やはりなかっただろう。同じく色好みでありながら、モリエールのドンジュアンのあの虚無的な放縦とは一味ちがった残酷な悲劇性をペローの主人公が保ちえたのは、この二つのモチーフのせいではないかと思う。

2 ジル・ド・レと青ひげ

伝説の世界で青ひげと同一視されるジル・ド・レについては、日本ではあまり知られていない。しかし彼はあのジャンヌ・ダルクとともに、フランスの中世史上もっとも輝かしい栄光を生きた武将なのである。ジルは、一四〇四年ロワール河畔のシャントセの城で生まれた。彼は百年戦争の英傑デュ・ゲクランの血筋であり、貴族の出身であった。幼くして両親を失い、荒廃した青春をおくるが、一四二七年祖父の部隊を率い百年戦争に参加、抜群の勲功をたてる。

しかしなによりも彼の名を天下に知らしめたのは、一四二九年四月八日から一か月におよぶオルレアンの戦いである。彼はこの戦いによってジャンヌ・ダルクとともにこの町を解放し、さらに七月十七日には、ランスの寺院において国王シャルル七世の聖別式を行う。彼はこの日、まだ二十四歳の若さでフランス王国元帥に列せられた。彼がこの時、遺産の相続、結婚、強奪などによって手にしていた財産と名誉は、ほとんど無尽蔵であった。

1835年にヴェルサイユ宮殿で披露されたジル・ド・レの肖像

しかし皮肉なことに、この劇的なフランス王国の勝利を機会に彼の運命は暗転してゆく。パリの包囲に失敗したジャンヌ・ダルクは、一四三〇年コンピエーニュで敵の手におち、翌三十一年ルーアンで火刑となる。そして三十二年には唯一の保護者であった祖父が死ぬ。それによってジルの極端な浪費と放らつな生活に歯止めをかける者は誰一人いなくなった。伝説のもととなった大規模な幼児虐殺と、経済的困窮とそれにともなう錬金術への傾倒がはじまるのはこのころからのことである。
彼の裁判記録をまとめたジョルジュ・バタ一ユはその序文のなかでつぎのように書いている。

［ジルの居城］マッシュクールとティフォージュの淫靡な館は人を恐怖におののかせていた。多くの人をかかえてにぎわっていたのだが、それは、人を恐怖に駆るのだ。悪魔を求めるという魔術師や、お務めにはげむ僧侶たちは、すべてずいぶんといいかげんなものなのであるがそれは別としても、人々はこれらの城塞に大きな恐怖をいだいていたのだ。これらの城塞は悪魔の罠のようなものであった。それは愚かにも大門のところまで施物を乞いに来る子どもがいようものならたちまち呑みこんでしまう。子どもの犠牲者の大部分はこのようにして捕われたものなのだ。この怪物めいた錯乱行為に当たっては、まず犠牲者を窒息状態にし、それが来るべき最悪のものの下準備となるのである。（……）犠牲者の小児がジルの部屋に引き入れられると、もうすぐいきなり狂宴が始まるのであった。（G・バタ一ユ、一九六六、八七―八八頁）

ジルは、子どもたちを男色者として最悪の状態で犯しつくす。狂宴は、さながらマルキ・ド・サドの世界であり、残酷と性的倒錯の極であった。後にはこれが悪魔の力を必要とする錬金術に欠くことのできない犠牲ともなるのだが、いずれにせよジルは、「犠牲者を材料に強烈な快楽を得てしまうと、それを殺してしまうか、あるいは人に殺させるのだった」。（G・バタ一ユ、一九六六、八九頁）

もちろん歴史の闇をたどれば、こうした残酷な行為は枚挙にいとまがないだろう。しかし問題は、ジルがこうしたいまわしい殺戮者であると同時に、当時の貴族としてはめずらしいほどの知識人であり、さらにはすぐれた芸術の理解者でもあったということである。彼にとっては戦いも一つのページジェントにすぎず、きらびやかな装備と美しい武器のきらめく祝祭であった。彼は総勢五十人という大規模な専属の聖歌隊とパイプオルガンをもち、これをどこへ行くにも連れて歩く。その豪華さには目をみはるものがあったという。そしてこの聖歌隊の天使さながらの美しい声の持ち主こそ、彼の同性愛の相手であった。

彼は一四三五年五月八日、オルレアンのジャンヌ・ダルク祭において、大がかりな「オルレアン包囲戦の秘蹟劇」を上演する。ジャンヌ・ダルクが死んで四年、「だがあの栄光の日に、彼女の横にあって彼女についで重要な役割を演じた彼」は、熱狂する民衆のなかであの日をもう一度生きようとしたのである。当時の演劇には、タピスリーもどきの美しさをもった衣装が使われていた。しかし「彼は上演のたびごとにその内容に従ってまったく新しい衣装を調達させた」のである。舞台の下では、すばらしい料理と酒が振舞われた。彼はこの年八万エキュという大金を消費し、シャルル七世によって禁治産を宣告される。(G・バタ―ユ、一九六六、一二二―一二六頁)

この後一四四〇年の逮捕、裁判、処刑に至るまでのジルの生活は、猖獗《しょうけつ》をきわめた。起訴状によれば、彼とその協力者との手になる犠牲者は、実に百四十名にのぼるという。宗教裁判の席上、ジルははじめ傲慢な拒否と威嚇の態度をみせたが、裁判官によって一度破門が宣告されると、これまでの姿勢をひるがえし、起訴状に挙げられている数々の犯罪行為を「邪悪にも遂行」したむねを自白し、裁判官たちにむかってなされた罵詈雑言ならびに侮辱的言辞が赦されることを「謙虚に、また敬虔に、かつ涙にくれながら」求めたのである。

しかしさらにこの年の十月二十二日公判廷で行われた自白はいっそう劇的なものであった。彼は、自分の残虐行為をこと細かに告白したのみか、この告白が「その大部分においてラテン語を知らぬ」一般聴衆のために世俗語（つまりフランス語）で公表されるべきことを求め、神と被害者の父母ならびにその友人の赦しを乞い、すべてのキリスト信者たちに、その敬虔なる祈りをもって自分を助けてくれるように求めたのである。

かくて彼の死は芝居がかった衒気の好機となった［とジョルジュ・バターユは書いている。］［十二月二十六日］、この死刑囚が裁かれたトゥール・ヌーヴ城を出発した一大群衆の行列は、お祈りや、聖歌で調子をとりながら、この忌むべき男を導いて行った。なにしろ当の本人は自分に従って来、今現に自分のために神に哀願している賤民たちに対する侮蔑をその極致にまで押し進めた人物であったのだ。やがて行列はロワール河越しに町を見下ろす小平原に達した。

彼はこれらの教会歌を狂気じみるまで愛していたのであるが、それは彼の死に、彼が常に求め、決して飽くことがなかった光輝を与えたのである。次いで〈高い家系の婦人たち〉が、たった今、人を狂気に誘う華美な美しさに包まれて、なわの端にぶらさがったままで姿を現したばかりの死者を早々に炎から引き出してくれたのである。

婦人たちは死体を棺に収めると、それは厳粛に教会内の最後の住まいに運ばれた。そこでは落ち着いた、しかも荘厳な葬儀の儀式が彼を待っていたのである。

（G・バターユ、一九六六、一六一―一六五頁）

細密画に描かれたジル・ド・レの処刑（1530年）

私たちがペローの「青ひげ」にひかれてしまうのは、けっして美しい女主人公の故ではあるまい。むしろ青ひげの城のあの禁じられた部屋と血まみれの花嫁たち、一言でいえば彼の犯罪に心を奪われているのである。そこにはやはり、小さな扉があり、そのむこうには各人の闇が広がっているのだろう。

しかしこうした闇の深層だけではなく、むしろあまりにきらびやかな表層の世界においても、ジル・ド・レと青ひげは〈夢〉を共有している。それはあのホイジンガがジル・ド・レと同時代人であるブルゴーニュ公たちを素材に明らかにしてみせた〈美しい生活への憧れ〉である。『中世の秋』のなかで、彼はこの憧れを三つのタイプに分類したが、その三つ目に〈夢みること〉というのがある。これはもっとも安易な道であり、ジルやヴェルサイユの宮廷貴族が選んだのはおそらくこれである。つまり合理的手段による現状の改革が不可能であるような世界にあっては、「人生の現実は絶望的なまでに悲惨であり、現世放棄の道はけわしい。せめてはみせかけの美しさで生活をいろどろう、明るい空想の夢の国へ遊ぼう。理想の魅力によって現実を中和しよう」という願いが人々をつき動かすというのである。（J・ホイジンガ、一九六七、二一六―二一七頁）ジルの音楽への傾倒、オルレアンでの秘蹟劇の上演、劇的な告白と死は、こうした欲望の端的な表明として理解される。また青ひげの美しい館、タピスリー、大きな鏡、金や銀の食器など、当時として考えられるかぎりの財宝は、同じ夢を表しているのだろう。

こうした夢の道は、現実を放棄することも改造しようとすることもなく、ただそれを芸術のかたちに作り変えようとする。「生活そのものを美をもって高め、社会そのものを遊びとかたちで満たそうとする」。もちろんこれは、ホイジンガの指摘を待つまでもなく、精神的にも「ひとにぎりのエリート」たちの特権であり、経済的にも「高くつく楽しみ」である。「美の夢を共同生活のかたちに実現させようとする努力には、だからあたかも原罪に似て、貴族主義の刻印がおされる」ことになるのである。

ジルにとっては、戦争をも含めてすべてが遊びであった。しかし百年戦争の終結と中央集権的なフランス王国再建の歩みは、もうこうした遊びを許さない。ジャンヌ・ダルクは、ランスでの国王の載冠が終わると、イギリスに売り渡されて火刑となる。ジルは、血ぬられた悲劇のうちに絞首された。一連の行政改革のもとに再編されつつあるフランス軍は、もはや二人を必要としなかったのである。

十五世紀の初頭にはじまったこうした中央集権が、絶対王制として一つの完成をみるのが、ルイ十四世のヴェルサイユであったことは周知の事実である。官僚機構の網の目の外で、戦士としての生活を奪われ、窒息した貴族は、宮廷で無為徒食の生活を送る。そうした彼らの夢こそ青ひげの生活であり、あの禁じられた小部屋の奥には、彼らの欲望が重くよどんでいたに違いない。彼らこそ、骨抜きにされたジル・ド・レの末裔だったのだ。ペローは、身分こそコルベールの手先の高級官僚であり、法服貴族の出身であったが、こうした貴族の憧れと退廃を知りつくしていたのである。

ペローの「青ひげ」は、その古典主義の文体によって、ジルの歴史のまがまがしさを隠し通しているようにみえる。しかしそのシニスムと奇妙な明るさは、ジルの末裔たちの〈悪夢〉と〈憧れ〉とをはっきりと語っているように思う。

3 ⚜ 始源への回帰

ジル・ド・レは、バタールのいうとおり、まさに封建体制を具現していた。彼は愚かな人ではあったが、その時代的象徴（美しい生活と激しい生活）をそのままに生きていた。バタールは、これを転換期の〈悲劇〉として分析して私たちにみせてくれた。しかしこのジルの生涯の劇的な性格、その見世物的性格に光をあてて、さらに一歩踏み込んだのは山口昌男である。彼は、バターユと同じく、ジルをフランス王制が確立してゆくための一つの犠牲とみている。しかしバタールの分析がジルの犯罪を〈人間の悲劇〉とみて、いわば同行二人という風に静的にその側に止まっているのに対して、山口は、それを権力に固有の装置として、ダイナミックに考えているのが面白い。山口にとっては、ジルの〈悲劇〉は、封建制という硬直した秩序に一撃を与え、一時的なカオスをつくり出し、新しい権力（シャルル七世の中央集権）を出発させるための一つの見世物＝犠牲なのである。

山口によれば、「政治権力の究極のよりどころは、生贄を神に捧げるためにこれを殺し、そこで生成される混沌とした状態のなかで、犠牲を介して神と人、人と人との区別がとり払われる」ことにある。たとえば封建制といった権力と秩序をそなえた世界（コスモス）が硬直化すると、新しい世界を生み出すためには始源的な混沌（カオス）の再現が要請される。従来の価値や論理の一切が崩壊して、新しい秩序が生み出されなければならない。（山口昌男、一九七四、二一八頁）

こうしたカオスの一つの典型は、キリスト教世界のカーニヴァルのような祝祭の場である。そこでは日常生活のなかでいましめられている過剰な浪費と破壊が美徳となり、理性よりも道化の非理性がよしとされる。

しかしカオスは、カオスのままでは新しいコスモスを生み出すことはできない。祝祭の終わりとともになにか一切の汚れを背負った犠牲が、コスモスの外に追放されねばならないのである。たとえばカーニヴァルの「放縦王」は、いやしい者のうちから選ばれ、祭りのあいだどんな振舞いも許されるのだが、その終宴とともに追放されねばならない。こうした祝祭の終わりとともに、新しい秩序が蘇り、新しい王＝権力が確立されるのである。

ジル・ド・レもまた、こうした権力再生装置のなかの祝祭的犠牲であった。

「ジル・ド・レの裁判と処刑において民衆をとらえたのは、彼の所業がたたえた底知れぬ混沌の深さであり、政治・宗教的権力は、この混沌の感情を喚起する世界舞台の組織者であった」と山口は書いている。（山口昌男、一九七四、四一頁）

ジルの劇的な告白とそれが人々に与えた感動、そしてまたなによりも処刑の荘重な祝祭的雰囲気を想い出してみれば充分であろう。彼の犯したいまわしい罪は、まさに倒錯であり、人々の心に深いおそれとおののきを呼びおこした。しかしその荒ぶる魂も浄《きよ》めの火によって天に帰ってゆくのである。

彼（ジル）の死は、御霊信仰の原因となる憤死といったようなものではない。しかしその悪徳の業の深さと、劇的な顕示、さらにその死の大がかりな見世物的性格は、人々に彼の存在のこの世のものならぬ印象を植えつけたはずである。権力の側も充分にこの効果から利益を得たはずである。聖なる怪物ジル・ド・レはこの世の諸々の穢れを一身に引き受けて、世界の外に追放され、民衆が権力に求める大がかりな見世物――そこでは混沌のエネルギーが喚び起こされ、終局にいたって秩序に組み込まれる――の組織化の機能は十二分に満足させられた。（山口昌男、一九

七四、四二―四三頁）

しかしもちろん百年戦争という歴史の転換期に演じられたジルの〈悲劇〉は、カーニヴァルという人為的なカオスとは、おのずから性格を異にしている。それはわれわれの日常生活のサイクルのなかに簡単に組み込むことができるほどやさしいものではない。ジルの犯罪はそのカオスの深さにおいて常軌を逸している。また歴史の大きな視点に立って封建主義から中央集権的官僚主義への移行を語るなら、百年戦争とそれに続くルネッサンスこそ、まさに反秩序的なカオスであり祝祭であったといわねばなるまい。しかしそれでもなお、たとえばあのシャルル七世という無力な〈ブールジュの王〉が権力者へ変わる見事な変貌を見る時、政治の力のおそろしさと権力装置のなかでのジルの役割を思わずにはいられない。あの無気力で好色な赤鼻の王が、ジルとジャンヌの死を機会にいかにしてフランス随一の策謀家となったのか。これを理解しようと思う時、山口昌男のカオス・コスモスの論理は魅力的である。

宮廷画家フーケによって描かれた晩年のシャルル7世

そしてまたもう一度ジル・ド・レの問題を私たちの最初のテーマである「青ひげ」にひきよせて考えるときにも、この論理は役に立つ。

民話としての「青ひげ」のなかにも測りがたいカオスがひそんでおり、その代償は死によって償われるのである。しかしその場合に私たちが手がかりとするのは、政治や歴史の問題よりも、むしろ深層心理での水準のことである。私たちはこれをフロイトの『トーテムとタブー』と、それに依拠した私市保彦の仕事を頼りに読み解いてみたい。

ペローの「青ひげ」には、私市の指摘するとおり奇妙な特徴がある。それは主人公となる娘が母親と住んでいることは明記されているのに、父親についての言及が一言もないということである。（私市保彦、一九八七）「隣の人のひとりで身分の高い夫人には、非のうちどころなく美しい二人の娘がいました」というわけである。そしてさらに、この姉妹にはなぜか二人の兄弟がいて、妹がピンチに陥ると風のようにあらわれて青ひげを倒す。こうした図式はもちろん、「青ひげ」にかぎられたことではなく、同じくペローの「赤ずきん」にも見られるが、フロイト派の分析に従って、この不在の父親を青ひげ、それを倒す兄たちをその息子と考えれば理解しやすい。つまり父親が娘を含めた女たちを独占することに対して、息子たちが反抗する物語として「青ひげ」を読もうというのである。（S・フロイト、一九六九）

フロイトは『トーテムとタブー』のなかで、熊や鷲などのトーテム動物を日常的には神聖な存在として大切にしているのに、祭の際には神聖な生贄としてこれを屠《ほふ》り、種族全体がそれを分かちあうという未開の習慣に注目した。彼はこれを、古代社会にあっては家父長が身内の女たちを独占し、息子たちを母や姉妹から排除したというダーウィンの説に重ね合わせて理解する。

つまり、女たちに対して生殺与奪の絶対権をもつ父親に対して、ある日、息子たちが反乱をおこし殺戮したうえで、その力を手にいれるために肉を分かち合う。そして女たちをめぐってふたたび闘争を繰り返さないために族外婚の体系をつくりあげるというのである。（S・フロイト、一九六九）

しかしこの父親殺しは、息子たちのあいだに根源的な罪の意識（原罪）として残り、彼らはこの罪から逃れるために父をトーテム動物と同一視し、神聖なタブーとする。そして年に一度強迫的な儀式としてトーテム動物を殺して食べ、オルギアを行い積極的にタブーを侵犯する。つまり父親（＝秩序）の死とともに、原初的無秩序が回帰し、近親相姦のタブーが犯されるが、こうしたカオスのなかでふたたび秩序が再生されるのである。

このようなコンテクストのなかでは、青ひげは古代的な父親と同一視される。彼は七人の妻に代表される女たちと美しい館に代表される富を独占している。そしてあの血ぬられた禁じられた部屋は、彼の権力の鍵を握る無意識の領域である。彼の若い妻は、すべての部屋の鍵を委ねられているが、最後の小部屋は禁じられている。しかし彼女は震える指で扉を開ける。

はじめは窓がしまっていたので、何も見えません。が、しばらくすると、床一面が凝固した血でおおわれ、数人の死んだ女の体が壁際にくくりつけられているのが、その血の海に映って見えてきました。（それは全部青ひげと結婚した女たちで、次々に喉を切られてしまったのです）若い妻は恐ろしさのあまり死にそうになり、鍵穴から抜いたばかりの小部屋の鍵が手からすべり落ちてしまいました。（ペロー、一九八二、一八四―一八五頁）

青ひげのこうした血まみれの妻殺しには、よくみれば少なくとも二つの意味がある。一つは処女を犯し、すべて自分のものにするということである。「ジャックおじさん」に見られる花嫁衣装へのオブセッションをこれと結びつけるのは読みすぎかもしれないが、ベッテルハイムも、『昔話と魔力』のなかで「秘密の部屋の扉を開く鍵は男性の性器、とくにはじめての性交で処女膜が破れ、血のつく時のそれを連想させる。もしこれが、ここに隠されている意味であるとしたら、血がどうしてもぬぐいとれないことの意味がわかってくる。処女性は、もう元には戻らないものである」と書いている。（B・ベッテルハイム、一九七八、三八六頁）

青ひげの妻殺しのもう一つの意味は、全能の権力者がタブーを犯して兄弟と交わった者を殺すということである。やはりベッテルハイムは、青ひげの妻の罪を姦通としてとらえている。「青ひげが出かけるふりをして城を出たとたんに大宴会がはじまっていることがそれを示す。この城の主がいるときはたずねてくる勇気のなかった人がやって来る。青ひげのいないあいだになにがあったかは、聞き手の想像にまかせられる」というのである。（B・ベッテルハイム、一九七八、三八六頁）青ひげはおそらく、こうして禁止を破った女を次々と処刑したのである。

ペローの「青ひげ」を読む人すべてが、もちろんこうしたあからさまな解釈を行うわけではない。しかしこの物語を愛し、おそれる人たちは、この物語の奥におそろしい性の秘密が隠されていることを確信する。そしてこの性の秘密を知ることには、誰でも抗しがたい誘惑を感じ、そのためには最もおそろしい危険を犯そうとするのである。

またこの秘密の独占こそ、古代的な父親＝青ひげの権力の核心であった。意識の小さな扉のむこうには、原初的な無秩序＝潜在意識の世界がうずまいている。フロイトはこの無意識の欲望をエスと名づけたが、このエスの世界から息子たちを遠ざけることが、彼の支配の鍵であった。彼は女たちを独占し、無意識を抑圧し、みずからの世界＝コスモスの中心に君臨したのである。しかし息子たちは、ある日この父親のコスモスを倒し、閉ざされた無意識を解放する。そこには一時的におそろしいカオスが現出したに違いない。そして息子たちは、血ぬられたカオスをもう一度閉ざし、制度としてのトーテミスムと族外婚を確立する。ペローの物語では、青ひげ殺害の後、娘は新しい夫と結婚し、兄弟たちは社会的な地位を得て、新しい秩序が立てられる。

こうした父親殺しと始源的カオスへの回帰のテーマは、フロイトの分析には繰り返しみられる。しかしそれが『トーテムとタブー』のように歴史的、系統発生的な水準で語られることはむしろまれであり、多くは個体発生的な水準で問題にされるのである。

つまり私たち一人ひとりには、たぶん母親の胎内にあった頃からいわゆるエディプス期に至るまで、母子二項関係に支配された時代の幸福な記憶がある。この時期の子どもは、すでに自分の世界を築きつつあるのだろうが、それは当分のあいだ母親にまったく依存しているし、外界からも母親によって手厚く守られている。それは、まだ善悪の入り込む余地も少なく、時間空間も未分化な始源的な状態である。

しかしこの幸福が、父親の登場とともに破られる。いわゆるエディプス・コンプレクスの形成である。このコンプレクスによって、人は幸せな母子二項関係を失うが、そのかわり現実と立ちむかうための言葉と倫理、一言で言えば〈現実原則〉を手にいれる。しかしこの原則の受容はしばしば多くの苦痛をともない、リビドーの固着または退行の要求をつくり出すことになる。想像力の次元で、父親殺しの夢が繰り返されるのはこのためである。

「青ひげ」の物語はこうしたエディプス的な悪夢とも読むことができる。この物語は、想像力のレベルで私たちにこうした退行を可能にし、きわめて暴力的に現実原則の体現者である父親を殺すことを許し、物語＝悪夢が去った後に新しい秩序にむかうことを可能にする一つの私的な儀式ともなる。つまりこれもまた始源的カオスへの回帰であり、秩序の再生のドラマなのである。

4 残された問題

シャルル・ペローの「青ひげ」とジル・ド・レとのあいだには、客観的にはなんのつながりもない。しかし民衆の創造力のなかでは、いつの間にかジルが青ひげになり、彼の残した城の片隅に例の〈禁じられた部屋〉ができてしまうのはなぜだろうか。

私たちは、いくつかの学問のかけらを集めて、その理由を明らかにしようと努めたつもりである。それらは、時に歴史学であり、人類学であり、精神分析であったりしたのだが、結論的にいえばそこには二つの話の幻想の共有、さらにいえば構造の一致があったからかもしれない。しかしその一番大きな原因は、ジル・ド・レとペローとが、二百五十年もの時を隔てながら、同じ夢と悪夢を生きていたことにあるのではないだろうか。

「青ひげ」はかなり見事な民話であり、ペローは卓越した再話者である。しかし彼の再話のなかには、当然のこととして時代精神が色こく残っていたのであり、それはこの場合悲劇的であるといってよいと思う。そしてこの悲劇は、ジルのそれとよく似た歴史構造に支えられているのである。

この悲劇が、始源的なカオスへの回帰を含んでいることは、すでに述べた。ジルの死が見物の民衆の心に与えたカタルシスは、残酷な民話が読む人や聞く人の心に与えるカタルシスとやはりよく似ている。「青ひげ」の物語は小規模ではあっても、一つの祝祭、それも〈闇のなかの祝祭〉として、一つのカオスをつくりだす。「青ひげ」のページを開く読者は、必ずあの秘密の扉を開いてしまう。それはいかにソフィスティケイトされていようとも、あの忘れられた始源の点なのだ。

私たちはここで、一般的にフィクションとして語られる「民話」と事実と信じられている「伝説」の構造的な同一性を語るつもりはない。あくまでも〈青ひげ〉は特殊な問題である。それは、主としてヨーロッパの片隅の、貴族社会の崩壊にまつわる話である。しかしそれが、どこかでこの一般的な問題の理解に結びついてくれればよいと思っている。

また、「青ひげ」のような残酷な民話が、なぜ好まれるかには今までいくつもの説があるが、ここでは「残酷な物語は、始源的なカオスを喚《よ》びさまし、カタルシスをもたらす」ということを加えておきたい。人は、さまざまな理由で「こわい話」や「残酷な話」を愛するものだが、そのなかには物語のはらむタブーの侵犯に身を浸すことで、闇のなかに心を解きはなち、恐怖とともに物語を閉じて、日常生活に帰還する者もいるのではないだろうか。

第Ⅵ章

「長靴をはいた猫」の政治学

1　物語の構造と歴史

すぐれた語り手は、みずからが伝え聞いた語りに忠実で、話の細部や言葉の一つひとつに至るまで心をくだき伝承を守り通す。これは、グリム以来の民話研究の大切な基本命題であった。もしも語り手が自分の好みにしたがって勝手に話のエピソードを入れ替えたり、言葉を語り間違えたりしてしまえば、伝承は壊れてしまい、民俗学という学問の一角がその根底から突き崩されてしまう。

文字で書かれた文学とはちがって、口伝えの記録には時間をさかのぼる手段がない。語りはその場かぎりのものであって、語り手が言葉を閉じた時にその生命を終える。とすれば、「今ここで語られているこの物語が、かつてもまた同じように語られて人々を楽しませてきたのだ」と主張する唯一の拠り所は、いわゆる「常民」の変わらぬ生活のスタイルであり、語り手たちの伝承に対する一途な忠誠であろう。今日の民話の記録者が語りのテープを文字に起こすとき、話の筋とはおよそ関係のない「ほいで」とか「あちゃ」といった接続詞や感嘆詞に至るまで聞きもらすまいと努めるのは、こうした伝承の一貫性に対する信仰のなせるわざであるといってもよい。

しかしその一方で、民話の記録者は「良い語り手」と「悪い語り手」を区別し、不十分な語りには積極的に手を加えてきたという事実もある。すでにグリム兄弟にして、自分たちの記録に手を加え、美しい見事な語りに磨きあげていったことはよく知られている。日本の場合にも、柳田國男や関敬吾のようなすぐれた研究者が民話のアンソロジーを編む時には、そのままの語りの記録を避け、共通語による典型話をつくりあげていったのである。そこにはもちろん、方言による記録は読みづらく一般の読者には難しいという配慮もあろうが、同時に個々の語りはどんなにすぐれて味わい深いものであっても、研究者のイメージするスタンダード・モデルからずれていたり、重要なモチーフやエピソードが欠如していたりして、どこかに不満が残るからであるともいえる。語りに対する「不満」は、たくさんの語りに接し、多くの記録を読めば読むほど強くなる。

ギュスターヴ・ドレの描く長靴をはいた猫（1867年）

このスタンダード・モデルに対する嗜好は、さまざまのかたちで昔語りを聞く者の内に生きている。たとえば伝統的な語りの場で、ある語り手の語りに対してただちに「俺の聞いた話はそれとは違う」とか「それもあるが、こんなのもある」といったかたちで同じ話が語りなおされることもしばしばである。その場合には語り手＝聞き手は、個々の話のなかにみずからのスタンダードをもち、語りの言葉を紡ぎだしていくのだろう。

こうした嗜好は研究者のあいだでも、変わりはない。アアルネ＝トンプソンのいわゆる「話型」

のように、同一のモチーフ展開を示す話の一つひとつにスタンダード・モデルを認めてその原型と発生を求めたり、プロップの形態学のように魔法民話という話のグループに共通のスタンダードを見たり、さまざまの試みがあるのだ。

しかし今日、次第に明らかにされてきたように、話は語り手と聞き手のあいだに成立する一個のパフォーマンスであるから、語り手は語りの場と聞き手の関心に従って同じ話をさまざまに語り分けることができる。極端にいえば、話の度ごとに話を語りかえることが、語りの名人上手の条件であることもある。たとえば、まったく同じ話が大人に語る時には艶笑譚となり、子どもに語る時には教訓譚になることもありうるのである。

また、同じ一つの民話を、母とそれを伝え聞いた娘とが語り合わせる時にも、二人の語りのあいだには微妙な差異が生まれてくることがある。長い年月のあいだに、語りは語り手の心のなかで育まれ、語り手の心の歴史を綴る。母と娘のあいだにも、語りに対する微妙な思いの違いが生まれ、そのことが語りの言葉をすこしずつ変えてゆくのである。

ゆるぎないといわれた伝承の絆においてすら、このとおりであるとすれば、文学者たちによる「再話」の場合に、こうしたズレがいっそう目につくのは避けがたいことである。というより、文学者たちにとっては、むしろこのズレを積極的に活用し、語りのスタンダードを反復しながら、独自の差異を生み出すところが、腕のみせどころとなる。

それは、たとえば十七世紀末のフランスで民話がサロンで取りあげられ大流行した当時にも、すでに当たり前のことであった。オーノワ夫人やレリチエ嬢といった当時の花形が、きそって古《いにしえ》の物語をヴェルサイユの宮廷人むけに語りなおし書きなおして、才人の名をほしいままにした。シャルル・ペローもまたその一人であったのだが、当時名をはせた作家たちがつぎつぎと姿を消した後も、彼だけは生き残った。というより、今日ますますその評価が高まりつつあるのである。

そこにはもちろん、ほかの凡百の輩とは違った、文人としての年季の違いということもある。ペローは十七世紀というフランス文学の黄金時代に戦わされた「新旧論争」の一方の論客であり、文壇にすでに確固とした地位を占めており、しかも『民話集』は最晩年の作であり、その文体はまぎれもなく当代きっての手だれのものであった。

しかし、いかに名人上手といっても、ペローの場合はラシーヌ、モリエール、ラ・フォンテーヌのように神格化された達人とは意味が違う。彼ら古典主義の作家たちの作品が、後代のフランス人たちによって言葉の一言一句たがわず吟唱され、神のように崇められたのに対して、ペローの作品はなんのためらいもなく子どもや民衆むけに書きなおされ、改竄《かいざん》されてフランス全土に伝えられていったのである。彼ほど文体を踏みにじられ、ないがしろにされた作家もめずらしい。

しかし、この蹂躙は普通に考えられるように、彼の栄光を奪うものではない。むしろ、民話の再話者としては、このうえもなく名誉なことであろう。彼の語った物語は、少しばかり文体を変えられようと、エピソードを削られようとびくともしなかったのである。その強靭な生命力は、しっかりとした伝承のもつそれとよく似ている。伝統的な共同体に語り継がれた物語が、語り手個人の個性や恣意を越えて生きのびるように、ペローの『民話集』も、書き変えられ読み継がれながら、時の試練に耐えうる力を保持していたのだ。

したがって、ここで問題となるのは物語の構造と歴史である。ペローの物語や伝承の語りが不変であるのは、それが物語の構造に忠実だからであろう。しかし、作家としてのペローや伝承の語り手たちは、みずからの時代を生きたその思いを物語に織り込んだに違いない。だが、歴史を生きることと構造に忠実であることは、どこで重なり合い、いかにして物語を紡いでいくのだろうか。このことを、つぎに「長靴をはいた猫」というペローの具体的な作品を通じて考えてみよう。

2 ⚜ 猫と狐

ペローが、その『民話集』に収めた話は、「グリゼリディス」と「巻き毛のリケ」という二つの話をのぞいていずれも伝承に忠実である。すでに述べたように、ペローが果たしてそれらの話を誰かから直接に聞き取ったのか、あるいはなにか書物を素材としたのか、この点はあまり定かではない。しかし、こと「長靴をはいた猫」に関しては、その典拠はかなり明確であるように思われる。というのは、周知のとおりペローに先行する文献として十六世紀のイタリアにストラパローラの『たのしい夜』という説話集がある。この説話集はすでに一五六〇年と一五七六年に二度にわたってフランス語に訳され数多くの版を重ねていたし、またそこに収められた「コスタンティーノと猫」という話がペローの話と細部に至るまできわめてよく似て、二つの話のあいだにはほんの小さな違いしかないことがすぐ分かる。たとえば猫が長靴をはいていたり、最後にやっつけられる王様が人食い鬼であったりするペロー独特の愉快な工夫をのぞけば、二つの話はほぼ同じエピソードをもち、同じ展開を示す。

これは、『民話集』に収められたそのほかの話とは大きく違っている。ストラパローラの『たのしい夜』には、この話のほかにも「ロバの皮」があり、同じイタリアのバジーレの『ペンタメローネ』にも「眠れる森の美女」をはじめいくつかの話が収められているが、いずれもこのように細部に至るまで酷似しているということはない。常にどこかにフランス固有の伝承の色合いを帯びているのである。

ナポリの宮廷人ストラパローラ

さらにこのことは、ペローの話を現在までフランス各地に語り伝えられている話と比べてみるといっそうはっきりする。「長靴をはいた猫」はポール・ドラリュとマリ＝ルイーズ・トゥネーズの編纂した『フランスの民話』（*Catalogue raisonné conte populaire français T1*）には、現在までフランスで記録された

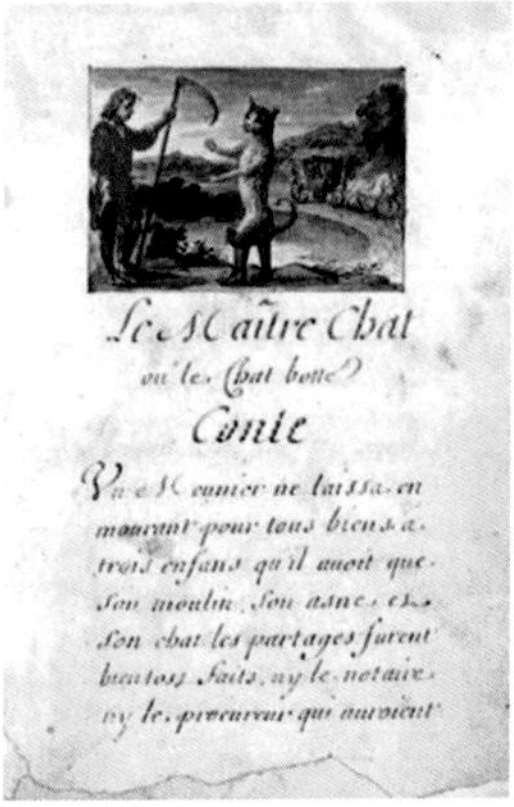

1695年の手書き写本に描かれた長靴をはいた猫

十二の類話が収められ、T545として分類されているが、このうち援助者を猫とするものが八話、狐とするものが四話ある。この数は、一見ペローの型の優位を示すもののようだが、かならずしもそうではない。援助者を猫とする話のうちには、たとえば「猫の長靴」や「カラバ侯爵という名前」や「人食い鬼の王様」といったペロー独自のモチーフがあらわれて、彼の作品の強い影響を示しているものが少なくない。このことは、十七世紀以来、民衆本の世界でどれほどこの「長靴をはいた猫」が愛され、フランス各地に運ばれていったかを考え合わせれば、容易に想像がつく。(P. Delarue & M.-L.Tenèze, 1976, pp.339–346)

これに対して、狐を主人公とするものは、時にペローの影響の跡をみせるが、おおむね口伝えによるものである。この物語の主人公は、猫の場合と同じく貧しい若者であるが、三人兄弟ではない。援助者の狐は、うっかりこの若者のニワトリを食べてしまったりして、彼を助けるはめになる。狐は野原にでかけて美しい金色の尻尾を見せ、一緒についてくれば王様に頼んで尻尾を金色にしてやるといって鳥や獣をだまし、王様に献上してしまう。あとの展開は猫の場合と同じだが、最後に城を奪うとき、もうすぐ王様の軍隊が攻めてくるからといって城の者たちをあざむいて、中庭に積んだ大きな麦の山のなかに隠れさせてみんな焼き殺してしまう。この残酷なエピソードもまた口伝えに固有のものである。

この狐を援助者とする話は、トゥネーズによればフランスのほかにもイタリア、トルコ、ブルガリア、ルーマニア、ロシア、フィンランド、モンゴルなども伝えられ、猫を援助者とするものよりもはるかに広い分布を示している。この事実は、それがすべてではないとしても、このタイプの話の正統性の一端を示しているといえるだろう。『民話集』に収められたほかの話をみると、ペローがフランスの口承に通じていたことはまず間違いないと思われるので、彼がこの狐を主人公とした話を知っていたことは十分に考えられる。彼は、そのうえで猫を主人公とした話のタイプを選び、長靴や人食い鬼という独自の工夫をつけ加えたのであろう。

しかし、彼の工夫はただそれだけのことだったのだろうか。猫と狐、王様と人食い鬼、そして長靴。そのほかにも細かく見れば多少の差異はあるが、いずれもモチーフの段階であり、プロップの形態学にしたがって分析すれば、いずれもほぼ同一の機能を示し、同一の展開を示すだろう。こんなことでは、モチーフ分析も機能分析もちっとも面白くない。多少強引であっても、物語の構造を一方でしっかりとふまえながら、しかも作品の歴史的位置を見定める豊かなレクチュールが物語の構造論には可能なはずである。

こうした試みは、残念なことにあまり多くはないが、幸いなことに「長靴をはいた猫」の場合には存在する。ルイ・マランが、一九七八年にあらわした『物語という罠』(*Le Récit est un piège*)がそれである。マランは、そのなかでペローのほかにラ・フォンテーヌ、カルディナル・ド・レッツ、ラシーヌといった人たちを論じながら、物語の力とヴェルサイユの権力との交錯を見事に明らかにしている。そこで、つぎに私たちは、このマランの論考のなかから私たちの物語にとって必要な分析だけをとりだし、時に強引に読み替え、組み替えながら「長靴をはいた猫」のテキストを読んでみよう。(L. Marin, 1978)

3 「長靴をはいた猫」を読む

「長靴をはいた猫」は一言でいえば、魔法民話のスタンダード・モデルからかなりはずれた話である。主人公と援助者と王と王女はいるが、魔法の手段の贈与者はいないし、その贈与もない。敵もおなじみの人食い鬼はいるが、彼も積極的に加害行為を働くわけではない。とにかく王はその存在すら知らぬしまつなのである。したがって加害行為を主人公に知らせる仲介者は必要はないし、ニセの主人公も登場しない。これは、プロップの形態学的な登場人物分析からはかなりずれている。

しかしその機能の展開は、プロップのモデルに沿っているといってよい。これを仮にはじめの状況と五つのエピソードにわけて考えてみよう。

①はじめの状況

ひとりの粉ひきが三人の息子に残した財産といえば、粉ひき場、ろば、それに猫だけでした。財産分けはすぐすんで、公証人も、代訴人も呼ばれませんでした。そんなことをしたら、乏しい財産はたちまち食いものにされてしまったことでしょう。長男は粉ひき場を、次男はろばをとって、いちばん下の弟は猫しかもらえません。

こんな情けない分け前をもらっただけではあきらめきれません。

「兄さんたちは、力を合わせてほどほどに暮らしていける。でもぼくのほうは、猫を食べてしまって、その皮でマフでも作ったら、あとは飢え死にするしかないや」（ペロー、一九八二、一九四頁）

ウォルター・クレイン（1845–1915）の挿絵

このはじめの数行に見事に要約されているように、主人公は二重の意味で周縁的な存在である。まず親族関係のなかで、彼は三人兄弟の末の弟であるから父の財産と生業を継ぐことができない。そのために彼は父の死後、生きていく手段がないし、まして結婚の相手など見つかるはずもない。しかもまったく無力である。

さらに、彼は粉屋の息子であるから、その社会的位置も空間的位置も周縁的である。ヨーロッパの伝統的農村社会においては、粉屋は領主の粉ひき場の強制使用権を受け継ぎ、経済的には比較的恵まれていたが、ほかの村人からは特別視され、社会的に差別される存在であった。また空間的にも、粉ひき場はいつも村のはずれにあって、そこにむかう特別な通い路すら決められていることも多かったのである。

主人がこんな状態であれば、援助者である猫の地位もあまりぱっとしたものではないのは当然である。というより、彼はまず主人に食べられてしまうかもしれず、しかもその皮でマフさえ作られてしまうかもしれないのである。

マランはここに、ルイ十四世時代の絶対王政のヒエラルキーが反映されていると考える。すなわち、まず主人がいて、つぎに家来がいる。主人は飢え死にするかもしれないが、その前に家来を食べることができる。家来はそのまた家来を食べればよいのだが、まず自分が食べる前に主人に食べさせなければいけない。

だから、猫は自分を助けるためには、まず主人を助けなければいけない。そしてさらに主人に権力を与え、みずからの地位の上昇を図らなければならない。それはいかにして可能だろうか。二重に周縁的な主人公とその猫は、この権力のドミノ倒しの最後のコマであるから、まず逃げ場がないようにみえる。彼らには、人間的な生＝文化の領域にとどまる術が見出だせない。生きるために残された唯一の手段は、純粋に自然の欲求に直接的にしたがうことだ。「おなかがすいたから、猫を食べよう」「寒いから、皮をまとおう」というのである。

この猫を食べるという行為は、一般の人間にとってタブーである。人間と生活をともにし、文化の領域に深く関わる猫を食べることは普通は許されない。タブーの侵犯は文化の放棄であり、自然への退行である。しかし主人公には、もうこうした反省の余地もなさそうである。とすれば、猫もまた水車小屋という文化の領域を捨てて、村をとりまく自然の森のなかに逃避するより手はないように見える。

しかしこの物語にあっては、猫はそこで最初の策略をめぐらせる。つまり、主人のこの言葉を半ば聞かぬふりをして、こう提案するのだ。

悲しむことなんかありませんよ、ご主人。わたしに袋を一つくださって、やぶの中に入れるような長靴を一足あつらえてくだされば、それで十分。そう思っておられるほどつまらない分け前でないことが、おわかりになりますよ。(ペロー、一九八二、一九四頁)

これは、ちいさなエピソードであるが、大切な意味をもっている。ここにはあのよく知られた「長靴」が登場する。

長靴は「赤ずきん」や「青ひげ」や「七里靴」のように、物語に彩りを与え、ひと目でそれとわ

カール・オフターディンガー（1829-1889）の描く猫と長靴

かる特徴と輪郭を与える、あのペロー独自の仕掛けである。ギュスターヴ・ドレの挿絵を待つまでもなく、「長靴をはいた」猫という奇妙なイメージは人の心をひきつけてやまない。

しかしこの長靴は、さらにいえば「猫という野生」の帯びた「目に見える文化のシルシ」である。猫はここで自然と文化の両義的な記号を、はっきりと身につけようとするのである。愛玩動物でありながら鋭い野生の力を示し、さらに長靴を身につけることによって、人間の文化の領域に足を踏み入れる。

この文化への回帰が、まず一つの契約として呈示されていることも忘れてはならない。「わたしを食べてしまうかわりに、わたしに長靴と袋を下さい。そうすればあなたは、よいものを手にいれることになるでしょう」というのである。この提案は、ストラパローラの「コスタンティーノと猫」にはなかった。しかしこれは、魔法民話にとっては、大切な約束である。

魔法民話の主人公は、自分のおかれた周縁的な境遇から脱するために、援助者を必要とするのだが、この援助者はただではやってこない。援助者は、援助を与える前に、主人公にかならずなにか試練を与えるのである。そして、主人公は主人公であるかぎり、かならずこの試練に正しく答えることができるのだ。

主人公は猫のこの提案を受け入れ、契約は成立する。ペローはこれを、猫が二十日ねずみを捕まえる時にみせたあの腕前を知っていたので、「急場から救い出してくれるかもしれないと、かすかな望みをつないだ」と説明しているが、これはまさに物語の構造上の要請なのである。

ペローの語りには、時に十七世紀の知識人に特有の合理的な説明の努力がみられるが、しばしばその表層の論理をつきやぶって物語の深層の論理が貫徹される。そして、この二つの論理の齟齬が、ペローの語りを魅力的なものにすると同時に、時に退屈にするのである。

こうして猫は、長靴をはき、王の猟場にでかけて袋で罠をしかけ、「死んだふりをして寝そべり、まだこの世の悪知恵を身につけていない若いウサギが、袋の中味を食べようとしてもぐりこんでくるのを」待つ。

ここでもまた、私たちは猫のもつ文化と自然の両義的な力が発揮されるのを見ることになる。彼は文化の領域に属する道具（袋）と知恵（死んだふり）を用いて獲物を屠《ほふ》る。この罠もまた、自然と文化の境界を示しているのである。

マランはさらに、ここで道具としての袋の役割にも言及する。猫は袋の罠で獲物を捕らえても、これをすぐには消費しない。ウサギは袋に詰められ、城の王に献上される。これは、捕らえた獲物をただちに消費する野生の掟に反する。獲物の直接的な消費（自然）をひきのばす道具としての袋（文化）が、猫と主人の命を繋ぎとめるとともに、物語のつぎの展開を可能にするのである。

しかしいずれにせよ、猫と主人はこれまでのところ自然に対する「文化的な」寄生者にすぎない。彼らはにわかじたての狩猟民である。主人は猫を捕らえ、猫はウサギやウズラを捕らえるが、本来の狩猟民（境界領域の漂泊者）ではない。状況の変化によって、共同体の社会生活からすべり落ちようとしている粉屋（境界領域の定住者）である。したがって彼らが生きのびてゆくためには、この獲物を直接的に消費することを断念し、新たな交換の手段としなければならないのである。

②第一のエピソード・猫の出発

物語の第一のエピソードは、猫によるこの交換の行動によってはじまる。獲物の袋をしょった猫は、権力の中心であり、社会的・文化的ヒエラルキーの頂点である王のもとへやってくる。


獲物で得意になった猫は王様のところへ出かけ、お話したいことがあるといいます。王様のいる部屋に案内されると、なかに入って、うやうやしくおじぎをしてから、いいました。

「陛下、これなる野ウサギは、カラバ侯爵殿（これは猫が気に入って自分の主人につけた名前です）から陛下に献上するようにと、言いつかったものでございます」

「わたしが感謝し、喜んでおると、お前の主人に伝えるように」と王様は答えました。（ペロー、一九八二、一九五頁）

猫は王に獲物を贈り、王は感謝の言葉を返す。これでは、猫も主人も空腹はおさまらないし、交換は成り立たない。贈与に対する返礼は、プロトコールというさらに複雑な文化装置によってひきのばされてゆく。

しかし王を中心とした文化の体系のなかで、王の感謝の言葉がいかなる意味をもつかは、いまさら説明の必要もないだろう。王は言葉によって贈り物を承認し、さらに贈り主を承認するのである。

ウサギを捕らえる猫（カール・オフターディンガー）

猫の行為は無償のものではない。彼は、この贈り物と一緒にこっそりと（主人にも知らせず、独断で）主人に「カラバ侯爵」という名前を与えた。マランのいうとおり「猫は主人にウサギを与えず、名前を与えた」のである。そしてこの「カラバ侯爵」という名前はただの名前ではない。国王を中心としたヒエラルキーの中枢にある貴族の称号である。この名前によって、猫の主人は「侯爵」という新しいアイデンティティーを獲得し、文化（言葉の体系）の中心にすべり込む。粉屋の息子には、もともと親から受け継いだデュポンとかムーニエとかそれらしい名前があるはずである。読者は、その名前を具体的には知らないが、その存在は承知している。だが国王は、そんな周縁事実にはまったく無関心である。王にとって「カラバ侯爵」は、ウサギやウズラなどを定期的に献上する者の名前（記号）にすぎないのだ。

主人公は、したがって、この新しい命名によってみずからも知らぬうちに二重のアイデンティティーを有するようになった。王もまたこの事実の半面を知らないのだから、これは今のところ猫（とその共犯者である読者）だけが知っていることである。

> 贈り物を受け取ることによって、王は（……）一つの名前と称号の使用を受け入れ、認可した。時とともにまっかな偽りが真実になる。王が個人に称号を与える権力であることが、この策略のキーポイントである。臣下の功績に報いるために、彼らに貴族の称号を与えるのが、王である。猫は王に罠をしかける。彼は、王の慣習にもとづく（「命名」の）権力を、その私的な使用へとねじまげる。繰り返しによって、命名の権力を握るものに、この私的な使用を受け入れさせてしまうのである。（L. Marin, 1978, p.126）

大切なのはこの最初の策略である。猫は、主人の二重のアイデンティティーのうち最初の一つを上手に隠し、「カラバ侯爵」の部分を次第にふくらませてゆく。

猫は、カラバ侯爵の王に対する敬意のシルシとして、ウサギを王に献上した。ウサギは、粉屋の息子の空腹をみたす食べ物であることをやめて、プロトコールの記号となる。王もまたこれを受け取ることによって、感謝の言葉という記号を返すのである。そこには「名前の力による自然から文化への移行」がみられる。

「粉屋の息子と猫という周縁の存在は、同時に言葉の記号によって社会のなかに統合される。言葉によって、彼らは体制に、権力に参加する。主人は侯爵として、猫は〈主人と臣下のあいだのコミュニケーションの道具である使者〉として」というわけなのだ。（L. Marin, 1978, p.127）

しかしこの第一のエピソードにおいては、「カラバ侯爵」という記号の内容はいかにも乏しい、ほとんど空虚なものである。とすれば、第二のエピソードの猫の策略は、この記号の空白をいかに埋めるかにかけられているといってよいだろう。

③第二のエピソード・ゼロ地点への回帰

ある日のこと、王様がこの世でいちばん美しい王女を連れて、川べりを散歩する予定だと知ると、猫は主人にこういいました。

「わたしの忠告どおりになされば、ご出世はきまったも同様。川の、これからお教えする場所で水浴びなさり、あとはわたしにお任せくだされぱいいのです」

それが一体何の役に立つのかわからぬものの、カラバ侯爵は猫の忠告通りにします。（ペロー、一九八二、一九六頁）

猫の忠告は、着物を脱いで裸になり、川のなかに入ることである。猫は、粉ひきの着物を大きな石の下に隠してしまう。粉屋の息子は、裸になることでそれまで身につけていた記号を失い、いわば記号のゼロ地点に回帰する。彼は、いまやいかなる記号も身につけていない。

王が通りかかると、猫は「助けて、助けてくれ！　カラバ侯爵がおぼれてる！」と大声をあげて助けを求める。そしてさらに、主人が水浴びをしている最中に泥棒どもがやって来て、着物をもっていってしまったと訴える。

これはもちろんまっ赤な偽りである。粉屋の息子は水浴びをしているのであって、おぼれているのではない。着物は盗まれたのではなく、大きな石の下に隠されているのである。猫は嘘をついている。しかし彼は同時に、王にむかってこれまでの度重なる贈与に対する、言葉以上の代償を求めているのである。

王はそれが何度も獲物をはこんできた猫だと知ると、もはや真偽のほどなどは確かめない。ただちに猫の主人を助けあげ、衣裳係に命じて自分のいちばん立派な服をとりに行かせる。粉屋の息子は、貧しい衣裳を脱ぐことによって、これまでのアイデンティティーを捨て去り、王の衣裳を身につけることによって、新しいアイデンティティーを身につける。

マランのいうとおり、「粉屋の息子と猫の生涯のうちで、この段階が重要である。周縁存在が権力の中心に入りこんだのは、ここまでは単に記号、すなわち代理や代表によってでしかなかった。名前と称号と贈り物にすぎなかった。しかしこれ以降は、周縁の存在は『血と肉を備えて』その場所にいる』。(L. Marin, 1978, p.129)

王の衣裳を身につけた若者は、もはや貧しい粉屋ではない。彼は、魅力的な「カラバ侯爵」として王と王女のまえに姿をあらわす。「もともと美男で、姿ぶりもよかった」ので、たちまち王女の心をとらえてしまうのである。

主人公は、こうしてまず名前を、つぎには衣裳を手にいれた。そして今度は、その住まいと土地を手にいれなければならない。これが、第三のエピソードの課題である。

④第三のエピソード・城への旅

王は、猫の思惑どおり侯爵を馬車に乗せ散歩にさそう。

計画がうまく運び出すのを見て喜んだ猫は、先導をつとめ、牧場で草を刈る農民に出会うと、こういいました。

「草を刈っているお前たち、もしお前たちが、いま草刈りをしている牧場をカラバ侯爵様の領地だと王様にいわなかったら、いいかみんなパテの中味みたいにひき肉にしてしまうぞ」(ペロー、一九八二、一九七頁)

王は案の定、この牧場の持ち主は誰かとたずね、猫をおそれた農民たちは「カラバ侯爵様のものでございます」と答える。

こうした第三のエピソードの進行は、第二のエピソードの記号のゼロ地点をはさみ、第一のエピソードに対して鏡のようにシンメトリックに折り返す。ただしそこでの猫の策略は、これまでとは少しちがった展開をみせる。まず、第一のエピソードと同様に猫は城にむかい、主人に先んじて行動するのだが、こんどは主人が猫の策略をただちにフォローする。「すばらしい領地をお持ちだ」と王が感心すると、「ごらんのとおり、陛下、この牧場からのあがりは毎年たっぷりあります」と答える。つまり、猫の策略によって記号をつけかえた主人は、新たな記号を見事に演じきっているのである。

農民を威嚇する猫（ギュスターヴ・ドレ、1867年）

ここでは、猫が農民たちを従わせるために何度か繰り返す「パテの中味みたいにひき肉にしてしまうぞ」という脅し文句にも注意したほうがよいだろう。第一のエピソードにおいては、猫は袋という道具（＝文化）を使用してウサギやウズラを捕まえると、その野生の力を用いて一挙にそれを引き裂いた。これに対して、第三のエピソードでは同じく野生の引き裂く力を行使しているが（「パテの中味みたいにひき肉にしてしまうぞ」）、これはあくまで言葉（＝文化）を媒介として威力が発揮されているだけで、実際には行使されることはない。この言葉は、マランのいうようにまさに「唱えごと（呪文）」として、魔術的な威力を聞く者に対して発揮するのである。

しかし、それにしても猫の言葉は、なぜこのように圧倒的な効果を農民たちに及ぼすのであろうか。この威力は、猫の力や言葉の魔術からのみでは説明できない。それはおそらく、これも、この領地が人食い鬼の領地であることと切り離せないだろう。

人食い鬼とその仲間の本質が、人肉嗜食、カニバリスムであることが、その理由である。農民たちが、人食い鬼に従属しているのは、農業生産の担い手としてと同時に、食糧、消費財、食品としてでもある。彼らは、小麦という植物性の食べ物の生産者であるが、みずからが人食い鬼の肉食用の生産物でもあり、時には「パテのように」料理されてしまうこともあるのだろう。猫のことばは農民たちを「罠に」かける。農民たちは、王の質問に対する答えを、主人の人食い鬼の命令のように受け取ったのである。（L. Marin, 1978, p.130）

猫は、自分のもつ「肉食動物」という人食い鬼と同じ特性を利用して、農民たちを威嚇する。猫は言葉（＝文化）の力によって、人食い鬼のもつ「怪物的な食欲」という直接的かつ圧倒的な力（＝自然）をねじまげ、人食い鬼自身にさしむける。これは、第一のエピソードでやはり言葉の力

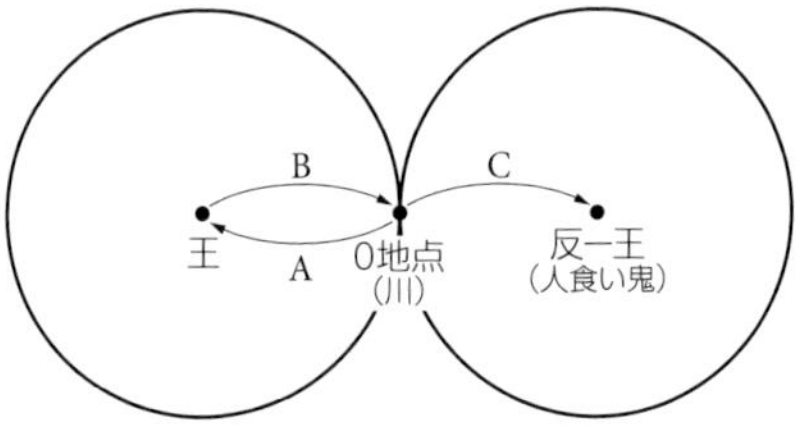

図1

によって王自身のもつ命名の権力をねじまげ、「カラバ侯爵」の称号を簒奪したのと同じ手口である。人食い鬼は、みずからの力によって、資産を奪われ、滅びてゆくのである。したがって、この話には王と人食い鬼という二つの権力が存在し、王宮と人食い鬼の城という二つの権力の中心が存在するといってよいだろう。このことを、図1のように表してみると分かりやすいかもしれない。

まず物語のはじめの状況では、主人公とその猫は、二つの円の周縁の接点（ゼロ地点）に位置している。第一のエピソードは、矢印Aのように「猫が文化の中心である王宮にむかう」周縁から文化の中心への働きかけによって表される。

第二のエピソードは、矢印Bのように「王宮から王と王女をのせた馬車が出発する」権力の中心からの移動あるいは行幸によってはじまる。途中この馬車は記号のゼロ地点である周縁の川で、「カラバ侯爵」を馬車にのせる。

第三のエピソードで、矢印Cのように馬車はもうひとつの権力の中心である人食い鬼の城にむかう。これに先駆けて歩く猫の策略は、王と人食い鬼との二つの権力のそれぞれを巧みに利用しながら、第三の存在である主人の利益のために、第二の権力を第一の権力に組み込むことである。マランのいうとおり人食い鬼は、王と同じように強大であり、彼は「反―王（anti-roi）である。

しかし、国王の権力はそのヴェルサイユ的定義からして「絶対」であり、権力の及ばぬ外側の世界を認めない。猫は、この外側の世界に君臨する「反―王」を王の権力につつみ込もうとする。それはもちろん、自分と同じ周縁的存在であり主人である粉屋の息子＝カラバ侯爵のためである。馬車の分けいった人食い鬼の領域には、たとえ言葉のうえのことであっても、つねに「食うか―食われるか」という直接的な欲求の関係が存在する。

すでに何度か指摘したように、このテーマは第一のエピソードのなかにも登場した。そこではまず猫が主人に食べられそうになるのだが、猫は言葉（＝文化）の力によってこの脅威を回避する。そして、王の狩り場にいってウサギやウズラを捕まえても、これを「食べる」ことをせず国王に献上し、忠誠の記号としての爵位と交換する。つまり、この自然の欲望は文化の力によって媒介され、新たな関係や記号を産出するのである。

これに対して第三のエピソードの場合は、もともと社会的存在であり記号の産出者であるはずの人間が、食べられる「物」（＝自然の存在）に転化される。「もしいうことを聞かなければ、食べてしまうぞ」というのである。

もちろんここでも食べる欲望は、言葉によって媒介されている。農民たちは実際に猫に食べられてしまうわけではない。しかし、この逆転は人食い鬼の世界の現実である。猫はさらに一歩踏み込んで、この反世界の中心に挑み、人食い鬼の野生の論理に従いながら、この関係をもう一度逆転させなければならない。

猫と人食い鬼（ギュスターヴ・ドレ、1867年）

⑤第四のエピソード・人食い鬼の城

第四のエピソードで、猫は反世界の主と直接に対決する。これを倒すためには、まずその本質を見定めなければいけない。しかし、人食い鬼の本質とはなにか。

それは、まず最大限に誇張された食べる力である。彼は大食いであって、なんでも食べる。しかも、人間という普通は食べられないはずのものまで食べる。

食べるということは、食べられる相手を同化して、自分に変えてしまうことである。彼は食べることによって、相手を一瞬のうちに完全に自分のものにしてしまう。

しかし、この人食い鬼は普通の人食い鬼とちがってもう一つ得意技をもっている。それは、ただ食べることによって他者を取り込んでしまうだけではなく、自分を他者に変身させる技である。つまり、彼は変身を二つの方向でおこなうことができるのだ。

特別の人食い鬼である彼は、他者に自由に変身するかぎりでは文化を越えた超自然的な存在である。だが、他者を食べることによってみずからに同化するかぎりにおいては文化以下の存在である。この意味で、彼は「神—獣」であって、文化（＝記号の世界）をどちらの方向にも逸脱している。国王の権力を記号とその秩序の制御にあるとするならば、人食い鬼の力は反―記号そのものなのである。

だから、さしあたっての猫の策略は、この反―記号を記号の体系のなかに引きこみ、言葉の秩序のなかでのみ働く記号とすることである。猫は、なにげないふりをして人食い鬼の城を訪れる。

人食い鬼は、それまで誰も見たことがないほどの金持ちでした。王様の通ってきた土地はすべてこの城の支配下にあったのです。猫は前もってこの人食い鬼の正体と、その能力を調べ上げたうえで、ぜひお話しする機会をえたい、こんなに城の近くを通りながら、ご挨拶もしないで通り過ぎるのは心苦しいので、といいました。（ペロー、一九八二、一九八頁）

猫はここで、第一のエピソードの場合と同じく、言葉をもって中心に挑んでゆく。ただし最初の場合には、ウサギやウズラという「物」が媒介とされた。そして王はこの記号化された物を受け取り、感謝の言葉をもってそれに答えたのである。これに対して、第四のエピソードの場合には、「挨拶」というもっとも内容のともなわない言葉をもって、人食い鬼の城に出かけてゆく。人食い鬼は、「人食い鬼としては上出来の礼儀正しさで」猫を迎え、休ませてあげる。彼もまたいっぱしの領主としてせいいっぱい礼儀をつくすのだが、劣勢はまぬがれがたい。反―記号としての人食い鬼にとっては、言葉はもっとも不得手の領域なのだ。彼は記号世界のむこう側かこちら側にいるので、言葉には不器用である。
そこで、猫はころ合いをみはからい、彼に変身の技の披露をもとめる。これは人食い鬼の得意の領域である。自分の変身の能力を示すためには、言葉はいらない。だがここにも猫の策略がある。人食い鬼はみずからの意思で変身しているつもりでありながら、じつは猫の依頼の言葉にしたがい、知らず知らずのうちに受け身の世界へ連れ込まれ、変身させられるはめになってゆくのである。
彼は、まずライオンになって見せる。これは、いわば人食い鬼の自由な選択による変身の技の披露であり、猫はほんとうに驚いて屋根の上にのがれる。

目の前にライオンが現れたのを見ると、猫はひどくおびえて、すぐに庇《ひさし》までとびあがりましたが、屋根瓦の上を歩くには不向きの長靴姿でしたから、苦労や危険な思いをしないわけにはいきません。(ペロー、一九八二、一九九頁)

しかし人食い鬼がもとの姿にもどると、猫は庇から降りてきて今度はもっと小さなものに変身することをもとめる。

「人からまた聞いたところによりますと、でもわたしにはどうしても信じられないのですが、あなたは一番小さい動物の姿にもなる能力をお持ちとか、例えば、ねずみとか、二十日ねずみに変身する。正直に申しまして、そんなことは全く不可能に思われますが」

「不可能だと？　いま見せてやる」

人食い鬼は、こういうと同時に、二十日ねずみに変身して床を走りだします。その姿を目にするとすぐ、猫はとびかかって、食べてしまいました。（ペロー、一九八二、一九九頁）

こうして人食い鬼に対する猫の策略は完結する。みずから望んで変身していたはずの人食い鬼は、じつは猫の言葉によって変身させられていたのであり、猫に食べられてしまうことによって、猫に同化されてしまう。

人食い鬼は、猫に同化することで変身のサイクルを終了する。彼は、決定的に猫の一部になった。

猫は、ここでもまた自分より強いものの力をねじまげ、相手にふりむけることによって、勝利を収めていったのである。

猫はまず挨拶という言葉の交換（プロトコール）によって、人食い鬼を記号の秩序のなかに導き入れた。そして彼の変身の能力とその脅威を無害な記号（デモンストレーション／シミュレーション）のレベルに移行する。本来であれば、人食い鬼の変身には必ず「相手を食べる・同化する」という危険な目的がともなうはずなのだが、この場合にはそれがない。というより、「自分の力を相手に示す」という無害な方向にねじまげられているのである。

そして人食い鬼が二十日ねずみに変身すると、猫はとつぜん記号の秩序を放棄して、人食い鬼本来の秩序へと回帰する。「食べる―食べられる」という野生の力があからさまになる。猫は牙をむき出し、二十日ねずみに襲いかかり、むさぼり食ってしまう。

人食い鬼は、猫の言葉の力によってねじ曲げられた自分自身の力によって自滅する。これまで彼の権力と富を支えていた変身の能力と「食べる」能力が、皮肉なことに自分にふりむけられたのである。

人食い鬼という反―記号の死によって、反世界は一変して、文化と記号の秩序に服し、主人を失った城は、新しい主人の到着を待っている。

⑥第五のエピソード・結婚

王と王女とカラバ公爵をのせた馬車は、人食い鬼の城にやってくる。

そんなことがあった間、人食い鬼の立派な城を通りがかりに目にすると、王様は中へ入ってみたくなりました。はね橋を渡る馬車の音を聞いた猫は、その前に走り出て、王様にいいました。

「陛下、カラバ公爵の城へようこそおいでくださいました」(ペロー、一九八二、一九九―二〇〇頁)

物語は大団円をむかえる。これまで猫が言葉によって与えていた空約束が、またひとつ成就する。「カラバ公爵」というニセの名前と称号は、城を手にいれることで決定的にその裏づけをえて真実のものとなる。これまで宙づりにされ引きのばされていた問題が、一挙に解決を見出だすのだ。

貧しい粉屋の息子は、記号のゼロ地点を通って、人食い鬼の世界に入りこみ、「毎年あがりのたっぷりある」牧場や麦畑を手にいれたが、その中心にある城がないかぎり、すべては絵そらごとに終わる。

だから、王の馬車が城に到着するこの瞬間が、猫の策略を真実にかえる最後のターニング・ポイントだといってもよいだろう。

猫はこれまで、つねに王と主人の一歩さきをあるき、つぎつぎと罠をはり、言葉のイニシアティヴをとりながら主人に、彼のあたらしい名前や身分や領地のことを伝えてきた。猫はここでもう一度その役目をはたし、主人に彼のあたらしい立場について報告する。

「陛下、カラバ公爵の城へようこそおいでくださいました」という猫の挨拶は、もちろん王にむけられたものであるが、同時に主人に対して、彼が「カラバ公爵」というニセの称号の裏づけをついに決定的に手にいれたことを、伝えているのである。

「なんと、侯爵殿」と王様は叫びました「この城もあなたのものとは！　この中庭と、これをとりまく建物のすばらしさにまさるものはありますまい。よろしかったら、なかを拝見しようじゃありませんか」(ペロー、一九八二、二〇〇頁)

猫の言葉によって、城が主人のものであることが伝えられると、王もまたそれに答える。王が粉屋の息子にむかって「侯爵殿」と称号によって呼びかけるのも、これがはじめてである。王は、「この中庭」「これらの建物」と一つひとつ指さしながら、人食い鬼の城を見聞して歩く。それは、一方で粉屋の息子を「侯爵殿」として認知し、城をその所有物として認め、領土を安堵することである。しかしそれはまた同時に、王がみずからの財産目録を確認することでもある。記号世界の絶対的中心である王は、反—記号としての人食い鬼の死によって生まれたあらたな記号空間を再編成し、みずからの世界に組み入れてゆく。「侯爵殿」という王の呼びかけが重みをおびてくるのも、そのためである。

粉屋の息子は、いまや王の記号世界の組みかえになくてはならぬ者となったのだ。

侯爵は王女の手をとり、先頭にたつ王様のあとについて、三人が大広間に入りますと、そこにはその日訪ねてくるはずの友人たちのために人食い鬼が用意しておいた豪華な御馳走が並んでいました。人食い鬼の友人たちは、王様がきているのを知り、中へ入ろうとしなかったのです。(ペロー、一九八二、二〇〇頁)

三人はもちろん食事をはじめる。この食事は、猫の予期しなかった偶然である。しかしこの偶然によって、粉屋の息子の最初の悩みであった空腹は満たされる。長い紆余曲折の果てに、やっと猫の約束がはたされたのである。むなしく記号として消費されてしまったウサギやウズラは、いま贅を尽くしたすばらしい御馳走によって償われる。

しかしそれにしても、これは人食い鬼によって人食い鬼の友人たちのために用意された食卓である。いかに城の料理人の腕が見事でも、そのオードヴルや肉料理のなかには、草刈りや麦刈りをしていた農民たちが細かく挽かれて詰めものにされていないとはかぎらない。

だがその気味の悪さを差しひいて、すこし視点をずらしてみれば、これこそ時と所をえたメニューであるかもしれない。

これは、いわばあたらしい契約の食卓なのだ。若い侯爵は、この食事を王とともにすることによって、自分の城も土地もそこに働く人びとも安堵されるが、同時にその一切を王に託すことになる。料理はその贈与と交換の象徴なのだ。王と侯爵は、その農民たちを食べることによって、彼らを同化し、みずからの血と肉とする。絶対王政下におけるその支配の論理は、究極において王も人食い鬼も侯爵も同じなのである。

王女が夢中になっているように、王様はカラバ侯爵の人柄の良さがすっかり気に入っていましたが、そのうえ侯爵のばく大な財産を見ると、五、六杯盃を傾けた後で、こういいました。
「あなた次第だが侯爵殿、わたしの婿になってくださらぬか」（ペロー、一九八二、二〇〇頁）

食事をしながら、王は計算する。このように豊かな土地と財産をもつ者は、領主として独立させておくよりもいっそ王家の一族に迎えて、その領地を王家に組み込んでしまったほうがよい。彼に娘と王位継承権を与え、同時に領地を併合する。そうすれば、国家は安泰である。

この提案をうけた若者も考える。彼は、周縁から出発して、一つの権力の中心を制覇し、豊かな富と生活を手にいれた。そしていま、さらにもう一つの強大な権力が彼を誘っている。その提案を受けいれることで、彼は王女を手にいれ、王位継承権を手にいれる。しかし彼の権力は王権のうちに呑みこまれてしまう。

マランのいうように「権力を奪取することは、勝利し獲得することであるが、同時に敗北し失うことである」。

王権は絶対であるから、その外側の世界を認めない。絶対であるためには、ちょうどあの人食い鬼のように、すべてを呑みこみ尽くさないわけにはゆかないのである。

決断をくだす王は、たしかにすこし飲みすぎていた。五、六杯のぶどう酒は彼の適量を越えていたかもしれない。また猫の最後の策略が王を酔わせ、この判断の行きすぎを生んだのかもしれない。

しかし、そうした個々のアクシデントはあっても、賢明な物語の法則は誤ることはない。

侯爵は深々とお辞儀をして、王様からの名誉ある申し出をお受けします。そしてその日のうちに王女と結婚しました。猫は大貴族となり、気晴らしのとき以外は二十日ねずみを追いかけなくなりました。（ペロー、一九八二、二〇〇頁）

こうして、主人公の若者はさまざまな困難を克服し、最後に結婚の申し込みを受けると、それを受諾する。彼はただちに王女と結婚し、物語世界のあたらしい中心となる。ストラパローラが「コスタンティーノと猫」の結末で明らかに語っているように、いずれこの若者も王の死をまって王位を継承するのだろう。

だから、もしこのめでたい物語に「行きすぎ」があるとすれば、それは援助者としての猫の存在のみであろう。主人公が王位についてしまえば、援助者の役目は終わる。彼がなお知恵を働かせ、策略をめぐらせれば、それはやりすぎであり、過剰である。そこで猫は「大貴族」となり、完全な余剰としての豊かさではあるが、退屈な日々をすごすことになるのである。

4 ⚜ 王権神話の構造

「長靴をはいた猫」の主人公は、周縁から出発して、援助者の導きによって人食い鬼の王国をおとしいれ、さらには古い権力にかわって新しい中心となった。これは「王権神話」の構造と同一である。しかしこの構造は、プロップの指摘をまつまでもなく、多くの魔法民話に共通のものであった。

こうした王権神話型の魔法民話の主人公は、たいがい主人公にふさわしい力や知恵などの特別のシルシを身につけている。そのシルシは、たとえばフランスでよく知られた「熊のジャン」（AT301B）の場合のように、異類婚姻の結果えられたものであったり、「魚の王様」（AT303）のように、異常誕生の結果であったりすることも少なくない。しかし「長靴をはいた猫」の場合には、主人公にほとんど特徴がない。その周縁的性格が二重の意味できわだっているというだけで、物語のはじめには特別の知恵や力はほとんど示されることがないのである。

かわって登場するのは、援助者の猫である。この猫の知恵と勇気はなみはずれている。彼は生死の境にたたされた時、猫本来の領域である野生に帰ることをせず、主人を助け、人間の文化の領域にとどまることを選択する。

だが「どうやって主人を助けよう？」この場合、猫はストラパローラの場合のようにけっして魔法を使ったりはしない。言葉を話し、長靴をはいた猫にふさわしく、「文化」と「野生」の二つの力を使いわけるのである。

王がその中心をしめる物語世界の文化の体系は、ヴェルサイユの場合と同じく、すでに野生の力を失った言葉の世界である。猫はそこを支配する虚構的な記号の体系（貴族の秩序）のなかへ、ありもしないカラバ侯爵（粉屋の息子）という記号を送り込み、のちにその空白を一つひとつ満たしていった。

その手順は、まず罠という文化によって、ウサギをおびきよせ、鋭い爪という野生の力でとらえる。つぎに贈り物とたくみな言葉とペテンによって、王という文化の中心に近づく。そしてさらに、主人公がおぼれたという嘘によって、美しい着物（貴族の記号）を手にいれる。クライマックスは、猫と人食い鬼の戦いである。猫は巧みな言葉（＝文化）によって、野生の王である人食い鬼に近づき、つぎに野生の力によってそれを引き裂く。

猫は、国王（文化）の対極にある人食い鬼（野生）を文化のなかにとり込むことにより、主人を最終的に文化の装置に組み込み、みずからもそこに安定的な位置を占める。

この最後のエピソードが、じつは本来「長靴をはいた猫」のものではなく、「魔法使いとその弟子」（AT325）からの借り物であることは、よく知られている。AT325の話の場合には、追いすがる魔法使いの手から逃れるために、主人公がさまざまに変身を繰り返し、最後に狐になった主人公がオンドリに変身した魔法使いを噛み殺してしまうのである。この結末の工夫が、果たしてペロー独自のものか、あるいはそれ以前のフランスの伝承にあったかどうかは分からない。しかしいずれにせよ、ペローのこの話のなかでは、その文化と野生という二極構造の明確化のために、きわめて有効に働いていることは確かである。

「長靴をはいた猫」における以上のような猫と主人の力関係を考えると、この物語の主人公は猫で、粉屋の息子はなにか添え物であるかのような気さえしてくる。しかしすでに述べたように、猫の援助を得た主人公が物語の進展とともに次第に力をつけ、一人前の男に成長しつつあることも事実なのだ。

主人公は、物語のはじめには、ピンチに立たされてもせいぜい猫を食べることくらいしか思いつきもしなかったのに、王と一緒に馬車に乗ると、たくみな応答によって猫をフォローし、美しい容姿によって王女の心をとらえてゆく。人食い鬼の城についても動じることはない。これは、見事な変貌といってよいだろう。

したがって、知恵と勇気にすぐれた猫の物語は、視点をかえれば「未熟な主人公による試練とその克服の物語」とも読めるのである。さまざまの苦難の果てに王となり、豊かな生活を手にいれた若者はきっと立派に領主としての職責をはたしたのではないだろうか。

そして、この無力な主人公と援助者の関係は、さらに一つのことを思いおこさせる。それは、すこし唐突に聞こえるかもしれないが、フランスの絶対王政の形成期における、あのジャンヌ・ダルクやジル・ド・レとシャルル七世の関係である。

この物語の主人公と同様、ジャンヌという援助者が登場するまで、シャルルは実にみじめで無力な王太子であった。父を狂気によって失い、生みの母のイザボーに不義の子として王位継承を否定され、イギリス・ブルゴーニュ連合軍によってパリを追われ、かろうじてロワール川沿いの田舎町、シノンに城を構えている。無気力な彼は敵がオルレアンの町を包囲し、目前に迫っているのに、それを討つ手だてすら思いつかない。戦いよりもむしろ色ごとにうつつを抜かしているしまつである。

ジャンヌが、神のお告げを聞きシノンを訪れたのはそんな時であった。彼女は、シャルルに彼こそが正統な王位の継承者であり、フランスの解放者であると告げ、みずから戦場に出て、オルレアンを解放する。

15世紀後半の細密画に描かれたジャンヌ・ダルク

しかし、たいへん奇妙なのはこの後のジャンヌとシャルルの関係である。シャルルは、ジャンヌの助けをえてランスで戴冠すると、国軍をまとめあげ、王として見事な手腕を発揮しはじめる。彼はジャンヌのようにあせることなく、ゆっくりとイギリス・ブルゴーニュ連合軍を追い詰め、ついに予言どおりフランスを解放し、国土の統一をなしとげる。

そして、その過程でシャルルは、ジャンヌをはじめ解放に直接にかかわり、功績のあったものを、一人ひとり切り捨ててゆく。周知のとおり、ジャンヌはルーアンの町で魔女裁判の結果、火刑に処せられるのだが、シャルルはその長い裁判の過程でジャンヌのためになに一つ援助の手をさしのべなかった。その非情さは、一説にジャンヌをコンピエーニュの地で捕らえさせ、イギリス軍の手に渡したのは、シャルル自身の策略であったといわしめたほどである。

オルレアンにおいて、ジャンヌとともに戦った武将たちもつぎつぎと遠ざけられ、ジル・ド・レのように劇的に死んでゆく者も少なくなかった。

しかし、こうした非情さは、じつはシャルルの王としての見事な策略を示している。彼が切り捨てたのは、前近代の封建勢力である。絶対王政の下では、神の声を聞く者は王一人でよい。その下に有能な官僚と豊かな経済力をもつ商人と勤勉な農民がいればよいのである。ジャンヌのようにふしぎな力をもった女たちは、魔女として圧殺される。そして、ジルのような過剰な武力は排除され、貴族は中央の宮廷に集められ、儀礼にあけくれる記号と富の消費者となるのだ。

物語の世界で、粉屋の息子が水車小屋という村の周縁から出発して成長をとげ、立派な王になったように、無能なシャルルもシノンという周縁の町から出発して一歩ずつ歩をすすめ、ついにはパリを制して本物の王になった。シャルル以降のフランスの歩みは、多少の曲折はあっても、絶対王政の完成にむかって歩みつづけたといってよい。そしてその歩みのクライマックスが、この物語の背景となったヴェルサイユの宮廷文化なのである。

この節の最初に述べたように、「長靴をはいた猫」の物語は、王権神話の構造をもつ。しかし、ペローのこの物語の場合には、それをさらに具体的な歴史の場面におきかえることもおそらく不可能ではないだろう。それはただの神話ではなく、近代フランスの出発点にあるヴェルサイユ的な絶対王政の「王権神話」を構造的に繰り返しているのである。

そしてこの神話は、主人公の若者にとってだけではなく、すぐれた援助者であった猫の運命にもふさわしいものである。彼は賢明であり、楽天的なエピキュリアンであったので、ジャンヌやジルのような悲劇的な死を好まなかった。その功績にふさわしく大貴族となると、その野生の力を捨てて、明るくヴェルサイユの文化を享受し、もはや「気晴らしのとき以外は、二十日ねずみを追いかけなくなった」のである。

第Ⅶ章

つごうのよすぎる「眠れる森の美女」

1 語りはじめと語り納め、そして相槌

私たちは、ここまで「人々の間に語り継がれた話」を民話と呼んできたが、民話の森にもう少し深く分けいると、民衆の語りの世界には「神話（Myth）」と「伝説（Legend）」という、「民話（Folktale）」とはちがったタイプの語りがあることが分かる。

私たちは、神話と聞くとすぐに、ギリシャ神話や北欧神話や日本の「古事記」「日本書紀」のようなテキスト化された書物を思い出す。しかし、たとえば「古事記」のテキストは、誰もが知っているように、まず稗田阿礼《ひえだのあれ》のような語り部がいて、それを太安万侶《おおやすのまろ》のような記録者が書きとめたものだ。最初から、神話のテキストがあったわけではない。「はじめに語りありき」だったのだ。

伝説についてはは、もっとはっきりしている。あちこちの山や川や池について「あの川には、むかし河童が住んでいて」とか「河童の肌は、緑じゃなくて赤い」などという伝承の語りがあって、今でもそれを記録して「なんとか地方の伝説」などという資料集の編纂が行われる。

こうした二つのタイプの語りと、「民話」とは、ふかく結びついていて、その区別はむずかしい。しかし話を語る語り手とその聞き手の立場からすれば、その区別は、おのずからはっきりする。

神話や伝説の語り手は、自分たちの住む世界の成りたちや歴史について語るのだから、話を本

当にあった真実のこととして語り、聞き手もそれを疑うことは許されない。語りの時間も「世界がはじまったとき」とか「源義経が奥州に落ちのびたとき」とか決められており、空間も「世界の中心の、あの山のてっぺんで」とか「この村のはずれの松の木の下で」とか特定されている。

これに対して、民話の語りは、いつでも「むかしむかし、あるところに」ではじまり、地域も時間も特定されない。語り手は、これからはじまる話がフィクションであることを承知して語り、聞き手も、それを納得したうえで聞く。民話は、ただのうそっぱなし（嘘話）なのである。

しかし、「うそっぱなし」が、最後まで楽しく聞き手をひきつけるためには、神話や伝説にはない独自の仕掛けがなければいけない。これが「民話の語りの形式」である。

この語りの形式には、①語りを「語り」として支える「語りの形式」と、②語りを物語として支える「物語の形式」の二つがある。

まず、「語りの形式」に関して考えてみよう。

民話の語りは「語り手」がいて「聞き手」がいて、はじめて成立する一回かぎりのパフォーマンスである。語り手が、「むかしむかし」と語りはじめると物語の世界が開かれ、「これでおしまい」というと物語の世界が閉じられる。

しかし、語り手は一人で語るわけにはいかない。かならず聞き手が必要である。語り手が「むかしむかし、あるところにお爺さんとお婆さんがいたんだって」と語りはじめると、聞き手は「うんうん」とか「それで」とか相槌をうつ。この相槌のおかげで、語り手は「ある日、お婆さんは川に洗濯に、お爺さんは山に柴刈りにいったんだって」と続けることができる。もし、この過程で聞き手が「そんなの知ってら」とか、「嘘ばっかり」とかいえば、話はそこで頓挫する。だから、この語り手と聞き手のやり取りには、じつは厳しい約束がある場合が多い。

松代町の語り手、高橋モミさん

たとえば、私が一九八〇年代に調査した新潟県松代町ではは、語りは必ずといってよいほど「むかしあったと」という言葉で語りはじめられ、聞き手はそれに「さーす」と相槌をうつ、聞き手が相槌をわすれると、すかさず語り手は「さーすいわなきゃ、語んね」と相槌を催促する。（樋口・高橋、一九八七、三〇四―三一四頁）こうした厳しい語りの決まりは、じつは世界中にあった。たとえばフランスでは、語り手が「クリック」といえば、聞き手は「クラック」と答えた。これは「聞いてるかい」という語り手の合図に、すかさず聞き手が「聞いてるよ」と答える語りの約束である。

こうして語り手と聞き手のあいだに紡ぎだされた話は、「めでたし、めでたし」という結句で閉じられるまで、相槌に支えられて延々とつづく。

語りを閉じる納めの言葉（結句）にもいろいろあって、さきほどの松代町の例では「えちごさけた」とか「いっちんさけた」などが決まりだが、岩手などでは、「とんとむかし」で語りはじめて、「どんとはれぇ」で語り納められることが多い。

聞き手は、この結句とともに民話の「ふしぎな世界」から解放されて、慣れしたしんだ日常の世界に帰還するのである。

語りの「ふしぎな世界」を開く語りはじめ（発端句）と、それを閉じる語り納め（結句）、そして語りを支える相槌の役割の大切さについては、すでにベッテルハイムの項で述べたとおりである（第Ⅳ章参照）。ベッテルハイムは、語り手である母親が「むかしむかし、あるところに」の一言で、子どもをふしぎな国に連れだし、「めでたし、めでたし」という結句によって現実の世界に連れもどす〈形式の魔術〉について語っていた。

しかし〈語りはじめ→相槌→語り納め〉という「語りの形式」に支えられた民話のふしぎな世界は、どんな構造をしているのだろう。ふしぎな世界は、現実には存在しない「いまではない、いつか」と「ここではない、どこか」に存在するネバーランドだが、日常生活とは違ったリアリティがなければ、面白くもなんともない。このふしぎな世界のリアリティを支える「形式」について考えたのが、「民話の文芸学的な研究」と呼ばれる仕事である。

2 ⚜ マックス・リュティの仕事

民話は、神話や伝説とちがって真実の物語ではなく、ただの「うそっぱなし」なのだから、語り手がいくらがんばっても話が面白くなければ、聞き手は聞く耳をもたない。

その面白さを支えるのが、民話の「物語としての形式」である。これに関しては、デンマークのアクセル・オルリクやドイツのフォン・ライエンなどの仕事があるが、もっともまとまったかたちで提示したのはスイスのマックス・リュティである。そこで、まず彼が『ヨーロッパの昔話』で指摘している、いくつかの民話の形式的な特徴を紹介してみよう。

民話の一次元性

民話のうちでもとくに魔法民話の主人公は、「ふしぎな世界」に迷いこんだり、冒険に出かけたりする。しかし、民話の主人公にとっては「ふしぎな世界」は、それまで暮らしていた村や町と一次元的につながっていて切れ目がない。たとえば「赤ずきん」の主人公は森に入って狼と出会っても、平気で挨拶を交わしている。主人公は、ドラゴンや魔女や山姥と出会い、彼らが口をきいてもけっして驚いたりはしない。彼らが援助者であれば助けをもとめ、敵であれば戦うまでである。民話の世界のこうした一次元的な構造は、伝説とはまったくちがう。

たとえば、柳田國男の『遠野物語』には、村人が山に入って山人や山女に会う話がたくさん語られているが、山人と会った村人は命を失ったり、病に倒れたりすることが多い。それは、これらの話が伝説であって、民話のもつような一次元性をもたないからである。遠野の村人にとっては、山は日常世界とは違った異次元の世界で、おそろしい危険を孕《はら》んでいるのである。（M・リュ

ティ、一九六九、七―一七頁)

民話の平面性

民話の世界には、現実のモノやヒトや人間関係や時間や空間のもつ厚みがない。魔法の指輪や毬《じゅう》絨《たん》は、それが魔法の品であるというだけで、金か、銀か、ダイヤがついているかどうか等は問題にされない。絨毯もペルシャ製か中国製かはどうでもよい。とにかく魔法の指輪であり絨毯であればよいのである。指輪のダイヤが問題になるのは、「ぐるりと回すとガラスの山や城へすぐに連れていってくれる」という風にダイヤが物語の展開に結びつくときだけである。民話の主人公は、首を切られても苦痛を感じることはない。命の水をふりかければ首はただちに繋がって、立ち上がる。「眠れる森の美女」では、姫は百年のあいだ、飲まず食わずに眠りつづけても、その美しさは衰えを知らない。王や妃も、娘が眠りはじめると、さっさと城をあとにする。民話の登場人物は、くよくよ悩んで物語の展開に支障をきたすようなことはない。民話の世界は、絵画のような厚みがなく、見通しのよい二次元的平面に広がっている。(M・リュティ、一九六九、一八―四一頁)

民話の抽象的様式

平面性が貫徹され、世界が現実の厚みを失うと、民話の世界からは現実のもつ具体的な性格が捨象され、すべてが抽象化される。「ガラスの山の王女」では、王が娘をガラスの山のてっぺんに座らせ、リンゴを三つもたせたとされているが、ガラスの山が、どんな構造になっているのかは分からない。語り手は、一言もそれについては触れない。また、王女はすばらしく美しいのだが、いったいどのように美しいのかは語られない。

金のリンゴ、美しい王女、世界一金持ちの王様が一方にあり、一方に「暖炉の灰のなかでゴロゴロしている怠け者主人公」がいる。主人公は、三人兄弟の末っ子で、父親からも兄弟からも蔑《さげす》まれているが、三頭の魔法の馬を駆使し、三つの金のリンゴを手にいれると、最後に立派な鎧をつけた美しい若者に変身する。

民話の語りは、現実の厚みを捨象し、三度の繰り返しや、変身によって、問題の解決プロセスをダイナミックに、分かりやすく提示する。(M・リュティ、一九六九、四二―四六頁)

孤立性と普遍的結合の可能性

三次元的な立体には、側面や背面があってひと目で全体を見渡すことができない。これに対して民話の世界の二次元的な平面には、厚みがないからひと目で見渡せる。しかし、そのかわり、この世界の住人には内面も周囲の環境もない。祖先や子孫との繋がりや、時代との関係もない。したがって民話の主人公は、家族や故郷や王国との現実的な繋がりはなく、物語の流れのなかをただよう孤立した存在である。

物語の流れにも空間的な広がりが希薄で、登場人物たちをただ押し流していく。たとえば「白雪姫」の物語では、魔法の櫛とリボンとリンゴを売りにやってきた魔女に、姫は三度ともだまされて死の眠りについてしまう。姫は、過去の経験に学んだり、小人の忠告を聞いて用心したりしない。彼女にとっては、魔法の櫛とリボンとリンゴは、孤立したバラバラの経験にすぎず、三度目には「死の眠り」が決定的となり、ガラスの棺に納められて、王子の訪れを待つという、全能の神のような物語の展開に身をゆだねているだけなのである。

リュティは、この物語のばらばらな要素を意のままに支配し、結びつける力を「普遍的結合」の可能性と呼んでいる。民話は、神話や伝説のように時間と空間に支配されることがないし、具体的な人間関係に縛られることもないから、一切のしがらみなしに「物語の論理」に身をゆだねることができるのだ。（M・リュティ、一九六九、六七—一一九頁）

純化と含世界性

民話を構成するモチーフには、大きくわけて二つのタイプがある。一つは、結婚や誕生や死、義理の母や父と子どもとの葛藤、貧しさや豊かさなど日常世界に属する〈世俗的なモチーフ〉である。これに対して、魔女や巨人や小人や妖精、魔法の指輪や絨毯や剣、人間の言葉を話す狼や猫や狐のように、非日常世界に属する〈超自然的なモチーフ〉がある。

この二つのタイプのモチーフは、次元を異とすることなく、ごくあたりまえのこととして「一次元的」に同じ世界に広がっている。

こうした異次元の交流が可能になるためには、とくに〈世俗的なモチーフ〉が、現実のもつしがらみを捨てて「純化」されていなければならない。たとえば「ロバの皮」の王は、最愛の妃を失うとすぐに妃より美しい女をさがしはじめる。そして実の娘が唯一の候補だと分かると、ためらうことなく求婚する。そこには現実の「近親相姦」に対するおそれとか、失った妻に対する配慮などはない。しかし、その同じ王は、娘が彼女にふさわしい王子と結ばれる段になると、それまでの経緯を一切わすれて、祝福をおくる。こうした葛藤のない展開は、伝説にはありえない。ましてや、リアリズム志向の小説には許されぬことである。

民話は、〈世俗的なモチーフ〉と〈超自然的なモチーフ〉を純化作用によってひとつの世界に一次元的に送り込み、整合的な「物語の論理」を展開することによって、ほかのあらゆる文学ジャンルには許されなかったような「含世界性」を手にいれた。

ここでリュティが「含世界性」というのは、物語のなかに世界を包み込み、目に見える形で提示することである。純化によって、軽々と日常と非日常の境界を乗り越えて、世界の真実を、大人にも子どもにも分かりやすく示すこと、これが民話の力である。（M・リュティ、一九六九、一二〇―一四四頁）

リュティ、プロップ、ベッテルハイム

以上のようなリュティの民話の文芸学的な研究が、プロップの構造論やベッテルハイムの精神分析とたがいに補い合うことは、いうまでもない。とくにプロップに関しては、リュティ自身が「プロップの構造分析と私の様式分析はたがいに補いあうものである」と認めている。（M・リュティ、一九六九、二三五頁）

ベッテルハイムに関しても、同じことがいえる。そもそも、フロイトが夢の分析を通じて私たちの心を癒そうと試みたのは、夢こそが日常と非日常の境界を乗り越え、象徴の力を借りながら、私たちの心を全体的に提示する「含世界性」を有していると考えたからである。フロイトから出発したエーリッヒ・フロムは、民話のなかに夢と象徴の言語の特権的な表現を発見し、ベッテルハイムは、その過程を体系的に、構造的に示したのである。

その意味で、リュティの考察のなかには、プロップの構造論やベッテルハイムの精神分析を理解するためのヒントが、たくさん詰まっている。そこで、最後にバジーレの「太陽、月とターリア」、ペローの「眠れる森の美女」、グリムの「いばら姫」という三つの話を手がかりに、リュティが考えた民話の文芸学的な形式をみてみよう。

3 ❦ つごうのよすぎる「眠れる森の美女」

ペローの「眠れる森の美女」には、バジーレの『ペンタメローネ』に収められた「太陽、月とターリア」という先行作品がある。まずこの二つの話を比べてみよう。

二つの話のヒロインは、ともに二人の子どもを産むのだが、その名前が、バジーレの話ではソーレ（太陽）とルーナ（月）、ペローの話ではオーロール（暁）とジュール（光）で、ともに天体を示唆する名前がつけられている。

しかしバジーレの場合は、ヒロインが眠っているあいだに二人の子どもを出産するというとんでもなく不道徳なことになっていて、しかも相手は妻帯者である。これに対してペローの場合は、独身の王子さまを用意し、しっかりヒロインの目をさまし、華やかな結婚式の後に子どもが生まれることになっている。

しかし、バジーレの話でも、ペローの話でも、〈二人の子どもたちがあやうく料理されて食べられてしまいそうになる〉点は共通している。バジーレの版では、嫉妬に狂った王の正妻によって、ペローの版では、もともと人食い鬼の一族であった王子の母によって、美味しいソースで煮込まれそうになる。

この残虐なたくらみによって、王の正妻も王子の母も、ともに罰を受けて死に、ヒロインは二

ヴィクトル・ヴァスネツォフ（1848−1926）の描いた眠れる森の美女

人の子どもたちと幸せに暮らす。（バジーレ、一九九五、六四―七〇頁）

話を支配する語りの調子はまったく違うが、その構造がここまで一致してしまうと、バジーレとペローのあいだの関係は明白である。しかも、だれもが認めるとおり、フランスには「眠れる森の美女」が、語り継がれた形跡がない。ドラリュとトゥネーズの「話型カタログ」のＴ４１０「眠れる森の美女」の項目に整理された話は、わずか三話にすぎない。（P. Delarue & M.-L. Tenèse, 1964, pp.68–71）

フランスがこのような状態にあるとすれば、イタリアはどうか。一九五六年に刊行されたイタロ・カルヴィーノの『イタリア民話集』には、カラーブリア地方の話として「眠れる美女と子どもたち」が収められているが、これはほとんどバジーレのテキストそのままの話である。

子どものいない王妃が、聖母に「何とぞわたくしに娘をお授けください。十五歳で糸巻き棒の尖った先に刺されて死ぬことになってもかまいませんから」という奇妙な願

第二版以降、兄弟に多くの話を提供した代表的な語り手フィーメニン

をかけて、王女を授かる。王女は十五歳で糸巻き棒に刺されて死の眠りにつき、長い眠りの後に城を訪れた若い王に見初められ、眠ったままソーレとルーナという二人の子どもを出産する。生まれた子どもが、眠っている母の指を吸って、爪のあいだにはさまった糸巻き棒の先を吸い出すと、王女は眠りからさめ、若い王は結婚を誓ったうえで、母の待つ自分の城に帰る。

　ところが、城に帰った王は病にたおれ、母親の王妃はこの病が「眠れる美女」の呪いではないかと誤解して、二人の子どもを料理して息子の若い王に食べさせ、美女を大鍋に投げ込んで殺そうとする。二人の子どもは料理番の機転で助けられ、その母も、夫の王に助けだされて、かわりに王妃が大鍋に投げ込まれる。

　カルヴィーノは、この話の解説で、「イタリアの民間伝承版のほとんどすべてが登場人物にいたるまでバジーレに酷似している。私がここに従ったカラーブリア版にしても、眠れる美女の名はターリアであったが、音の調和上、私は彼女の名をカローラとした」と書いている。（カルヴィーノ、一九八四）アアルネとトンプソンの「話型カタログ」には、ＡＴ４１０「眠れる美女」の類話としてイタリアで十話、シチリアで五話があげられてはいるが、いずれもバジーレの影響が強いのではないだろうか。（A. Aarne & S. Thompson, 1961）

さて、それではグリムの「いばら姫」はどうだろうか。よく知られているように、グリムの版には、母や妻が、眠れる森の美女とその子どもたちを料理せよと命ずる後半のエピソードが欠如している。

ヤーコプとヴィルヘルムの兄弟は、この話をカッセルでマリ・ハッセンプフルークから聞き、最初の草稿をブレンターノに送ったが、この失われた草稿は後にエーレンベルクの修道院で奇跡のように発見された。語り手マリの母は、フランスから亡命したユグノー派キリスト教徒の家系出身であり、エーレンベルク草稿の最後にも、ヤーコプの筆跡で「これはペローの眠れる森の美女からとったものと思われる」と記されている。（グリム、一九八九、四三頁）

しかしヤーコプとヴィルヘルムは、この話をとても愛していたのだろう。一八一二年の初版から一八五七年の第七版にいたるまで、加筆をくりかえし、彩り豊かな物語にしあげていった。しかし、その民話の語りとしての骨組みは、エーレンベルク草稿以来一貫しているので、まずこの草稿（グリム、一九八九）を紹介したうえで、これをバジーレとペローの版と比較しながら「民話の語り」とはなにかをリュティのいう「民話の形式」から考えてみよう。

物語は、こうはじまる。

ある王さまとお妃さまには、子どもがありませんでした。ある日のこと、お妃さまが水浴びをしていると、ザリガニが水から丘へあがって来て、言いました。あなたは、まもなく娘をもつことになるでしょう。そして、そのとおりになりました。

このはじまりは、とても面白い。子どものいないお妃さまは、ザリガニの予言のとおり女の子を授かる。ヴィルヘルムは、あとで「ザリガニ」を「カエル」に変えてしまうけれども、王女が水浴びをしていた泉というのは、ヨーロッパの民俗ではふしぎな世界の入口で、人の未来を告げる力がある。日本にも、子どものいないお爺さんとお婆さんが水神さまに願をかけて、タニシの息子を授かる「タニシ長者」の話や、川上から桃や小箱が流れてきて、なかから子どもが出てくる「桃太郎」の話がある。

バジーレは、姫の誕生の経緯にはなにも触れていないが、ペローの話では子どものない王さま夫婦は、温泉めぐりをしたり、神さまに願かけしたりして子どもを授かることにしている。しかし、その誕生にはザリガニのお告げのような、特別なふしぎがあったとは言っていない。

王さまはうれしさのあまり、盛大なお祭りを催しました。その国には、十三人の妖精がいました。けれども王さまは、金のお皿を十二枚しか持っていなかったので、十三番めの妖精は、招待することができませんでした。

だれでも知っているように、十二は時を支配する重要な数で、キリストの使徒も十二人である。

これに対して十三は不吉な数字だ。

バジーレの話では、国中の賢者が集められて姫の将来を占うが、妖精は登場しない。

ペローは、妖精の数を七人として、八人目の妖精は忘れられていて、七枚しか金やダイヤモンド細工の食器が用意されていなかったとしている。七もまた時を司る幸運の数字である。


妖精たちは、王女にあらゆる徳と美しさを授けました。さて、お祭りが終わりになるころ、十三番めの妖精が来て言いました。あなたたちは私を招待しなかった。だから私は、あなたたちに予言しよう。あなたたちの娘は、十五歳のときにつむを指にさし、それで死ぬであろう。ほかの妖精たちは、なんとかこれをできるだけゆるめようと思ってこういいました。王女は、ただ百年の眠りにおちることにしましょう。


グリムは、これを初版で、十一番めの妖精が贈り物をしたときに悪い魔女が入ってきて、王女に呪いをかけることにした。こうすれば、残った十二番目の妖精が、呪いを百年の眠りに軽減することができる。

バジーレには、こうした呪いの余地はない。賢者たちが「姫君は亜麻に混ざった何かのトゲのために、たいそう危険な目にあうだろう」と予言するだけである。

ペローの場合は、七番目の賢い妖精が衝立《ついたて》のうしろに隠れていて、魔女が呪いを発するとすぐにあらわれて、姫は死ぬのではなく百年眠ることにし、百年後には王子がやってきて姫の眠りをさますと告げる。

糸を紡ぐ老婆と王女（ギュスターヴ・ドレ、1867年）

王さまは、国中のつむをすべて片づけるようにという命令を出しました。命令は、そのとおり行われました。そして王女が十五歳になったとき、ある日のこと、両親がでかけました。それで王女は城の中をあちこち歩きまわり、しまいに古い塔にやってきました。塔には、狭い階段がありました。やがて王女は小さなドアの所に行きました。そのドアにはさびた鍵がささっていました。王女はその鍵をまわしました。そして小部屋に入りました。その小部屋では、一人のお婆さんが、麻糸を紡いでいました。王女はお婆さんと冗談をいいあい、自分でも紡いでみようと思いました。すると、王女はつむをさして、まもなく深い眠りにおちました。

バジーレでも、ペローでも、グリムでも、王女が糸巻き棒に刺されて不吉な目に遭うことをおそれた王は、国中の亜麻や糸巻きをすべて処分してしまう。しかしバジーレの話にも、ペローの話にも、王女がいつ災難に遭うのかという時間の指定がないから、ペローの場合は「十五年か十六年が過ぎて、王さまも王妃さまも別荘へ出かけていらっしゃるとき」という風にあいまいな表現になるし、バジーレの場合には、姫が「大きくなって、ある日のこと、窓辺から糸を紡ぎながら歩いているお婆さんを見かける」ことになっている。

ところが、グリムの場合は、まさに「王女が十五歳になったとき」に、両親が出かけてしまい、王女は災難に遭うのである。この時の両親の行動は、狼の危険を知りながら娘を森に送り出す母親や、妻がきっと部屋をのぞくと知りながら旅に出てしまう青ひげとおなじく〈分かっていながらヒロインに試練を与える〉行動である。

百年の眠りについた城（ギュスターヴ・ドレ、1867年）

その瞬間に、王さまと宮廷の人たちも、みんなもどってきて、城の中では、あらゆるものが眠りはじめました。壁の蝿も眠りはじめたのです。そして城のまわりには、いばらの垣根が広がり、お城がなにも見えなくなりました。

グリムのこの記述のうちには、民話のふしぎや魔法のエッセンスがぎっしりつまっている。十五歳になったお姫様が糸巻き棒に刺されて眠りにつくと、同時に彼女のまわりの世界すべてが眠り、城はいばらに閉ざされる。それでよいのだ。

ところが、バジーレの場合は、悲しみに打ちひしがれた王さまは、その苦しみを忘れるためにターリアをベッドに寝かせると、城に永遠の別れをつげる。

ペローの場合には、知らせを聞いて駆けつけた七番目の賢い妖精が、王と妃のほかの一切を眠らせ、城をいばらで包み込み、王と妃は城をあとにする。ともに十七世紀の宮廷人であったバジーレにも、ペローにも、王と妃のいない世界など想像できない。彼らは、いつでも世界の中心で国を治め、いばら姫の眠れる城は、その周縁にひっそりと隠れていればよいのである。

それから長い長い年月がたって、ひとりの王子さまがその国にやって来ました。あるおじいさんがその王子さまに、自分の祖父から聞いた話をして聞かせました。そして、これまでに、もうたくさんの人たちがそのいばらをかきわけていこうと試みたけれど、みんないばらにひっかかってしまったそうだ。ところが、この王子さまがいばらの垣根に近づいていくと、いばらがみんな花のようになって、道をあけました。そして王子さまが通りすぎると、また、いばらになったのです。

エーレンベルクの草稿では、王子は「それから長い長い年月がたって」やってくるが、兄弟はその第二版で「王子がきたのは、ちょうど百年の年月が過ぎ去るときでした」と書きかえた。そして、これにあわせるように、王女が糸巻き棒に刺されるのも「その子がちょうど十五歳になったその日」ということにした。物語の輪郭が、いっそう明確にされたのである。

ペローの版では「こうして百年たつと」王子さまが狩りにやってきて「あの深い森の上に見える塔は何か」と尋ねることになっているから、グリムがペローを読んで、この部分を書きかえたということは、十分に考えられるかもしれない。

しかし、バジーレの版には、そうした配慮は一切みられない。姫が見つけ出されるのは「それからしばらくして、ある王様のタカが森の館の窓に飛びこんでしまう」というアクシデントのおかげにすぎないし、しかも、姫は眠ったままで王と結ばれ、二人の子どもを出産してしまうのである。

王子の訪れと王女の目覚め（ギュスターヴ・ドレ、1867年）

> 王子さまは、お城の中へいくと、その眠っている王女にキスをしました。すると、みんな、眠りから目をさましました。そして、この二人は結婚しました。ふたりがまだ死んでいなければ、今でも生きているでしょう。

姫は、王子が来るとすぐに目をさます。それは、百年がたっていたからである。王子は、特別に勇気があったわけでも、人格的に優れていたわけでもない。ただ百年目にやってきただけの、運の良い王子なのである。

この話の最後を結ぶ「ふたりがまだ死んでいなければ、今でも生きているでしょう」というのは、ヨーロッパの民話によくみられる語り納めの言葉（結句）である。これだけ短く話をきりつめながら、最後の語り納めを省略しなかったところに、民話の語りの形式を大切にしようというグリムの姿勢がよく伝えられている。

バジーレとペローの場合は、この後に幼い子ども二人と王女を料理してしまおうと企てる残酷な母や妻が登場して、話はまだまだ続く。しかし、この目覚めのシーンだけにかぎっても、ペローにはあの有名な「蛇足」の問題が残っている。百年たって目覚めた王女の身につけていた服が「おばあさんの着ているような、ひどく旧式なもの」に見えたというくだりである。ペローは、よほど百年という時間の経過が気になっていたのだろう。この後で料理人も、王女を料理せよと命じられた時、残酷な母親の舌をごまかすために、百年たってこわばってしまった王女の皮膚にぴったりの口当たりをもつ素材をどうして見つけようかと悩むことになる。

民話の世界では、時間の経過に関するこうした配慮がいかに不必要で、時には不様なものかは、リュティの形式論を待つまでもなく、よくわかる。百年たとうが、千年たとうが、美しい姫は美しいだけでよい。細かい説明は不要である。

ヨーロッパの民話の歩みをたどるとき、バジーレ、ペロー、グリムは、いずれも欠くことのできない大切な仕事を残してくれた。しかし、三者三様の「眠れる森の美女」を比べてみると、三人の生きた時代と記録に対する姿勢が見えてくる。

ジャンバティスタ・バジーレは、一五七五年頃に生まれ一六三二年になくなったナポリの人である。メディチ家のマリ・ド・メディシスがフランスのアンリ四世に嫁ぎ、クラウディオ・モンテヴェルディのマドリガーレが一世を風靡した時代といえば、分かりやすいかもしれない。ルネッサンスが終わり、バロックが登場するあの時代である。

バジーレは、貧しい出身だったが、三十歳を過ぎた頃から故郷ナポリで詩人として頭角をあらわし、ナポリ方言で書かれた説話集『ペンタメローネ』を残したことで知られる。じつは、この『ペンタメローネ（五日物語）』というのは、先行するボッカチオの『デカメロン（十日物語）』にならって死後につけられた書名で、バジーレ自身は、『物語の中の物語、幼い者たちのための楽しみの場』（*Lo cunto de li cunti overo Lo trattenemiento de peccerille*）と呼んでいたのだから、読者としての子どもを念頭においていたはずである。しかし、当時の子ども観は、きっと現在とはかなりちがっていたのだろう。『ペンタメローネ』の構造そのものも、十人の語りの名人が五日にわたって面白い話を語り続けるというもので、語り手も聞き手も大人の女で、子どもの入り込む余地はない。

ペローは、それから六十年ほど後に、ヴェルサイユのサロンの女性たちのために『民話集』を編み、さらに百年以上後に、グリム兄弟は、ブレンターノの要請で「エーレンベルク草稿」に残されたような民話の記録を行い、一八一二年のクリスマスに『童話集』の初版を刊行する。

こうして、三つの「眠れる森の美女」の成り立ちを考えてみると、バジーレからペロー、ペローからグリムへと時代が下ってくるにしたがって、民話の記録が喧騒に満ちた世俗を離れて、リュティが理想としたような民話の文芸学的な完成にむかって純化されていくのが分かるだろう。

そして「エーレンベルク草稿」を折り返し地点として、民話は子どもたちにとって面白く、読みやすい、読み物に育てられていく。グリム兄弟（とくにヴィルヘルム）が、初版から第七版にいたる四十数年のあいだに、どれほど推敲を重ねたかは周知のことである。そして、この時代にグリム兄弟が向きあった子どもたちというのは、バジーレが念頭にいだいたナポリの子どもたちとは大いにちがった近代という「新しい時代」を生きる子どもたちである。

そうした意味で、エーレンベルク草稿の「いばら姫」は、民話の原点を示しているといってよいだろう。この短い話は、一次元的で、平面的で、抽象的な様式をそなえ、孤立性と普遍的な結合の可能性を秘め、純化された世界のすべてを含んでいる。民話の語りの論理にしたがってすべてが展開する、つごうのよすぎる話なのである。

第Ⅷ章

マルク・ソリアノのシャルル・ペロー研究

シャルル・ペローの民話を語る上でマルク・ソリアノ（一九一八―一九九四）のペロー研究（一九六八）を忘れるわけにはいかない。

ソリアノはエジプトのカイロ生まれだが、一九二一年にパリに移り住み、一九三九年にエコール・ノルマル（高等師範学校）に進学、哲学のアグレガシオン（大学教授資格）を取得した後に、ソルボンヌ大学のピエール＝マクシム・シュルのもとで哲学を学んだ。その後さらにジュネーヴに赴き、ジャン・ピアジェのもとで心理学を学び、パリのサンタンヌ病院で精神分析医として統合失調の治療にあたった。そのかたわら、パリ第七大学、イェール、スタンフォード大学などで教鞭をとった。

ソリアノが『ペロー民話集――知識人の教養と民衆の伝承――』をガリマール社から刊行したのは一九六八年のことだが、これが出版される以前に、アシェット社の「みどり文庫」という児童向けの叢書に『神出鬼没将軍』（一九六二）、『金曜日の男』（一九六三）、『黄色いコウノトリの秘密』（一九六五）などという少年・少女小説を書き、一九七五年には『青少年文学ガイドブック』という事典を刊行しているのだから、ペローの民話研究も当初は児童文学研究の一環として着手したのではないかと思われる。

ソリアノのペロー研究は多岐にわたるが、本書では、①十七世紀フランスの歴史的な背景とペローのキャリア、②『ペロー民話集』とフランスの口承文芸（民話）、③『ペロー民話集』と作者ペローの深層心理、という三つの観点から、その研究を考察することとしよう。

1 ⚜ 十七世紀フランスの歴史的な背景とペローのキャリア

ソリアノは『ペロー民話集――知識人の教養と民衆の伝承――』の冒頭で、「私は（ペローの）『民話集』そのものに当初から直接関心があったわけではなかった」と率直に述べている。彼が関心を抱いたのは、民話が語る不思議な世界（merveilleux）に対する関心、より正確にいえば、〈最先端の科学的知識〉と〈はるか昔から伝わる民俗信仰（superstitions）〉との共存、合理的思考と呪術的思考との矛盾に対する関心だった。

この一見なにげないソリアノの告白は、きわめて意味深い。それは、ペローの生きた十七世紀、とくにルイ十四世の「ヴェルサイユ時代」が、まさに近代科学の誕生期であり、世界観の転換期であったからだ。

十七世紀は不思議な時代である。ガリレオが一六〇九年に望遠鏡を試作し、月面のクレータや太陽の黒点を発見して地動説を支持したために一六一六年に異端審問を受け、一六三三年の二度目の異端審問で終身刑を言い渡されてから、フォントネルが『世界の複数性についての対話』

を公表する一六八六年までわずか五十五年しかたっていない。フォントネルは、その著書を通じてサロンに集う才女をはじめとする〈新しい科学的知識を求める人たち〉にむかって、月世界のみならず金星、水星、火星、木星、土星の環境を具体的に語り、生物（人類）の存在可能性を説いている。

そしてこの五十余年の間に、パスカルは『真空についての新実験』（一九四七）を行い、フェルマやデザルグのような数学者が数論や幾何学の新しい基礎を築き、ホイヘンスはガリレオと同じく自作の望遠鏡で一六五六年に土星の衛星タイタンを発見し、同じ年に振り子時計を制作している。

ルイ14世に科学アカデミー会員を紹介するコルベール（後列左端）とペロー（後列右端）

この世界観の転換期においてとくに重要なのは、コルベールの助言によって、王立科学アカデミーが創設されたことである。コルベールはこの時、ホイヘンスから設立計画と助言を受けている。

一六六三年から準備が始まったこのアカデミーは、さまざまな議論を経て、一六六六年十二月に結成され、数学、天文学、解剖学、植物学、動物学、化学、物理学の専門家がルイ十四世の図書室に集い、諸科学の発展と政策の提案に携わることとなった。

ソリアノが「最先端の科学的知識」と呼ぶのは、まさにこの王立科学アカデミーの提供する知識のことである。

一六六三年にやはりコルベールが創設した小アカデミーの四人のメンバーの一人となり、コルベールの片腕として働き始めたペローは、当初からこの科学アカデミーの設立に関わり、自らの兄クロードを解剖学の専門家としてアカデミー会員とすることに成功している。そのクロードが後に解剖学の専門家としてだけではなく、王立天文台や改築されたルーヴル宮の列柱の設計者として活躍したことは、よく知られている。

このようにガリレオに始まりフォントネル、そしてニュートンに至る十七世紀の科学革命は、科学的知識を一部専門家の集う私的集団の殻を破って解放し、ルイ十四世やコルベールのような為政者を動かし、ヴェルサイユやルーヴルのような王宮だけではなく、戦場の砦の建設や都市の水利事業、工場の建設、運河や港湾の整備、戦艦や東インド会社の船舶の造船などの公的な実用にこたえるものとして、民衆の目に見える形で世界を変えていった。

その「最先端の科学的知識」のまさに最先端にいたはずのペローが、なぜ一六九七年という最晩年に『民話集（がちょうおばさんの民話）』を刊行し、非合理な魔法民話の不思議な世界（merveilleux）や呪術に満ちた民俗信仰（superstitions）に手を染めることになったのか、これは確かに謎である。

しかし、この謎は高級官僚であり、国家の科学政策の中心にいたペローのもう一つの側面、科学のみならず文学・哲学・演劇・オペラ・音楽にも通じた教養人としての立場と、その教養を育てた十七世紀という時代背景に目を向ければ、解決は難しくない。

そしてさらに当時のペローが戦っていたいわゆる所謂《いわゆる》「新旧論争」と、彼が執筆中であった『古代人・近代人比較論』を見ればさらに理解が進む。

彼は、近代の実用的な科学のみならず、彼の論争相手のニコラ・ボワロー（一六三六―一七一一）やラシーヌ（一六三九―一六九九）が誇った「古代」に対する教養においても彼らを凌駕する力を有していたのである。

そして、その教養は、ペローが幼くして受けた学校教育とそれを乗り越えようとする青年期の戦いに起因する。

彼が九歳から十五歳まで学んだボーヴェ学院は、新旧論争でペローの論争相手であったボワローやラシーヌも学んだ優れた初等中等教育機関であり、その教育はすべてラテン語で行われていた。

ただペローがボワローやラシーヌと違うのは、彼がこの学院の教育に疑いを抱き、卒業を前に親しい友人のボーランとともに教室をとび出し、学業を放棄してしまったことだ。

ペローが学院の卒業を放棄したことについては様々の原因が推測されるが、その一因は授業のラテン語教材がすべてアンソロジーで、ラテン語の修得を優先するあまり、肝心のテキストの理解をないがしろにしていたことにある。

学院の教育を見捨てたペローとボーランは、ペロー家に引き籠って興味の赴くままに古典のテキストを熟読し、ついにはウェルギリウスの『アエネーイス』のパロディーの創作に熱中するに至る。

たいへん奇妙なことだが、こうしたペローの奔放な行動にペロー家の人々は、父も母もなに一つ異を唱えることなく、シャルルの兄の医師の三男クロード、神学者の四男ニコラに至っては、彼らの創作に加わり、なかでもクロードは一六五三年に『トロイの壁あるいはビュルレスクの起源』というパロディーを刊行するに至る。

その間シャルルは、ボーヴェ学院を退学してソルボンヌ大学に入学することなく、一六五一年にオルレアン大学に赴き、形だけの口頭試問に合格しただけで弁護士資格を得てしまう。

シャルルは、その資格取得後、短期間弁護士を務めたが、一六五四年に弁護士の地位を捨て、パリの特別徴税官であった次男ピエールの下で補佐官として働くことを選び、さらに一六六三年にはピエールの知己であったコルベールの創設した小アカデミーの書記となり、コルベールが亡くなる一六八三年まで、彼の片腕として、ルイ十四世の身近で働き、王室建築総監としてルーヴル宮の改築やヴェルサイユ宮の建設に携わるかたわら、一六七一年からはアカデミー・フランセーズの会員としてアカデミーの改革に努めるに至る。

そして、コルベールの死とともに一切の官職を退いたペローは、その四年後の一六八七年にアカデミーの席上で韻文詩「ルイ大王の世紀」を公表し、ルイ大王の世紀という近代（十七世紀）

が、アウグストス帝（紀元前二七―紀元後一四）の古代に勝るとも劣らないと主張してボワローやラシーヌをはじめとする古代擁護派（古典派）の人々の怒りを買うことになった。

この「ルイ大王の世紀」に端を発した「新旧論争」において、ペローは（ルイ十四世の）近代を具体的に支える実用的な「最先端の科学的知識」を踏まえながら、その敬虔なキリスト教信仰の下に、ギリシャ・ローマ時代の文化的な遺産に対する敬意を失うことなく、ルイ十四世の時代（近代）を論じたのである。

しかしながら、この新旧論争にあたって『古代人・近代人比較論』（一六八八―九六）という四巻にわたる膨大な著作を刊行し近代擁護の先頭にたったペローは、なぜこの論争の渦中に、韻文詩「グリゼリディス」（一六九一）に始まり『がちょうおばさんの民話』（一六九五）を経て『ペロー民話集』（一六九七）にいたる十一篇の話を執筆したのだろう。これもまた謎と言えば謎である。

しかし、この謎も十七世紀の科学革命とそれにともなう世界観の転換という時代背景を考慮すれば、無理なく解けるに違いない。

サロンの才女たちだけでなく、ルイ十四世やスウェーデンのクリスティーナ女王、イングランドのチャールズ二世のような為政者から市井の民衆に至るまでが、短期間に天動説から地動説に鞍替えして科学と世界の多様性に気づいたこの時代には、フィリップ・アリエスが『子どもの誕生（アンシアン・レジーム期の子どもと家庭生活）』で指摘したように、それまで目を向けられることがなかった子どもの存在がクローズアップされ始め、ペローが『民話集』を執筆していた一六九三年にはジョン・ロックが『教育に関する考察』を著し、幼年期の教育の重要性を説いている。ペローは、ロックの教育論に見られる哲学的な考察と「最先端の科学的知識」に呼応する形で、民話の不思議な世界（merveilleux）に踏み込んでいったのである。

2 ✤ 『ペロー民話集』とフランスの民話

一九九四年にソリアノの死を受けてリベラシオン紙に追悼文を寄せたアントワーヌ・ゴードマは、『ペロー民話集――知識人の教養と民衆の伝承――』を「精神分析学、哲学、言語学、民族学のリソースを駆使した〈心の自叙伝的な（psychobiographique）手法〉」と評しているが、きわめて的確な指摘である。

ソリアノが述べているように、『ペロー民話集』の研究はその没後三百年を通して着実に進歩し、とくに二十世紀に入って研究の精度は飛躍的に高められたが、ソリアノ以前の研究は、どれも伝統的な文学史研究の域を出ず、テキスト・クリティックと伝記的事実の解明に専念して、肝心の「民話」の研究を忘れていた。ペローが目にしたに違いないボッカチオの『デカメロン』、ストラパローラの『愉しき夜』、バジーレの『ペンタメローネ』などの文字化された先行作品には詳しく検討が加えられたが、肝心のペローの生きた十七世紀に語られていたに違いない口伝え〈がちょうおばさん〉の語り）に言及する研究が皆無だったのだ。

民話の語り（口承）と文字伝承（書承）

その不備に最初に気がついたのはポール・ドラリュ（一八八九―一九五六）だった。ドラリュは、ペローの民話と十九世紀末からフランス各地で民俗学者によって数多く聞き取られて記録されたその類話とを比較し、①ペローの同時代か、あるいはそれ以前から語り継がれていた話と、②それ以降に『ペロー民話集』の影響のもとに語られた話、③ペローの影響を受けながら、それ以前の語りを維持している話という三種の語りの違いを見極め、時代を越えた口承（語り継がれた話）と書承（文字によって記録された話）の比較研究を可能にした。（第Ⅲ章の「民話の地理・歴史学」の項参照）

ソリアノは、ドラリュの研究方法と成果に驚き、ドラリュの研究成果を取り入れながら、従来の文学史的な研究に民俗学、民族誌学、歴史学、社会学、経済学等の視点を組み入れて、人文諸科学研究の境界を取り払い、『ペロー民話集』の各話を丁寧に検討し、自らの独自な研究を確立しようと決意した。

彼はその結果、ペローが子どもたちと一緒に聞いた話に、先行する物語集から選んだ話を加え、さらに独自の工夫を加えて、同時代人の世界観にそった『民話集』を編纂したことに気づいたのだ。

ペロー独自の工夫

そしてソリアノが明らかにしたのは、ペローがそれぞれの話に加えた「独自の工夫」である。その工夫は、グリムやジェイコブスやアンデルセンや現代の優れた絵本作家に受け継がれる「民話の再話」の力に受け継がれていくのだが、ペローの再話力と波及効果は群を抜いている。

たとえば「赤ずきん」の場合を考えてみよう。

ドラリュは、すでに述べたように、フランス各地で記録された三十五話の語りを紹介したが、そこには「ヒロインが赤い頭巾を被らない語り」が多く存在する。

これに対して、ペローの作品では、冒頭から「赤ずきん」という被り物と「赤ずきんちゃん(Petit Chaperon Rouge)」というヒロインの呼称が、何度も繰り返され、読者はたちまちこの「赤ずきんちゃん」というヒロインの名前が忘れられなくなる。そして、このかわいい「赤ずきん」をつけた女の子が狼に出会うと「赤ずきんちゃん、気をつけて」と声援をおくり、ヒロインが食べられそうになると、思わず目をつぶってしまうことになるだろう。

こうした何気ないアイデアで読者の心をつかむテクニックは、現代のコピーライターの手法にも似ている。たった一つのなにげない言葉で相手の心を虜にしてしまうあの見事な手口。「赤ずきんちゃん」にかぎらず、ペローの『民話集』には、この手のキャッチコピーが随所に見られる。

もし「青ひげ」の主人公の髭が青くなかったらどうなるだろう。サンドリヨンがガラスの靴を履いていなかったら、「長靴をはいた猫」の猫が長靴を履いていなかったら、どうなっていただろう。これらは、すべてペローの創作なのだ。

ここで思い出されるのは、ペローの最初の就職先が「小アカデミーの書記（事務局長）」であったことだ。このアカデミーは、メダルや記念碑に刻むラテン語の銘句を考えるのが重要な仕事で、今となってはそんなことが何の役に立つのかと考えてしまうが、実はその銘句の目的はつねにルイ十四世の威光を顕彰することにあった。小アカデミーは、たった一言で「太陽王で、絶対君主で、国家を体現する」ルイ大王の威光を人々の心の隅々まで刻み込むことを使命とした組織だったのだ。ペローは、この仕事を一六八三年に一切の公職を退くまで続けていた。

いわば彼は、王という商品を国内外の王侯貴族や民衆に売り込む元祖コピーライターだったのである。

民衆の知恵とヴェルサイユの権謀術数

ペローに「赤ずきん」や「ロバの皮」を語った語り手（がちょうおばさん）と政府高官のペローでは、たしかに住む世界と世界観が違う。

ペローの話のヒロインは、村人たちから「赤ずきんちゃん」と呼ばれる際立った存在で、ベッドのなかで狼の身体の特徴に疑問を抱き、食べられる寸前まで質問を繰り返す知的な好奇心を身につけた少女である。彼女は、もう少し成長すれば「プレッシューズ」と呼ばれた才女の集うサロンに登場してアイドルになっていたかもしれない。ただの田舎娘ではないのだ。

しかしヴェルサイユの高級官僚であり著名な詩人であるペローと民衆の世界観との違いを際立たせるためには、「赤ずきん」より「サンドリヨン」の方が適当かもしれない。

民衆の語る「サンドリヨン」には妖精は登場しない。ヒロインに美しい衣装や馬車を与えるのは、彼女が自ら父親に所望したハシバミの実である。そして主人公が美しく変身して出かけるのは、教会のミサで、お城も舞踏会も出てこない。

才女たちの集うサロン

ベッテルハイムやフロムが精神分析の立場から指摘したとおり、民衆の語りでもペローの再話作品でも、「サンドリヨン」は思春期の少女の大人への変身を語る物語だと考えられるが、民衆の語りでは〈灰〉や〈ハシバミの実〉がもつ呪力が語られ、彼女の変身にあたって重要な役割を果たす。
ところが、ペローのヒロインは、民衆なら誰でも知っている灰やハシバミの呪力に関する知識や民俗信仰には無関心で、もっぱら名付け親の妖精の庇護にすがることになる。民衆のヒロインが、暮らしの中で身につけた知恵によって自らを助けるのに対して、ペローのヒロインはヴェルサイユに生きる女なら誰でも知っている〈庇護のもとに生きる術〉によって救われる。

サンドリヨンは、妖精の庇護のもとに宮廷の舞踏会にデビューし、王子の心を射止める。この宮廷の舞踏会と、そこに生きる女たちの権謀術数こそ、ペローが若い頃から馴染んだヴェルサイユの宮廷暮らしに相応しい物語の小道具ではないだろうか。

ペローが自ら体験した宮廷文化特有の権謀術数が、「青ひげ」や「長靴をはいた猫」や「眠れる森の美女」のヒーローやヒロインをピンチに陥れたり、幸せに導いたりするのである。

ソリアノは、ドラリュの仕事に出会うことによって、あらためてペローの再話者としての特質と、彼の再話力の秘密と魅力を発見することができたのだ。

3 『ペロー民話集』と作者ペローの深層心理

ペローが自らの歩んだ道を振り返り、『回想録』を執筆したのは一六九九年のことであり、その時彼は七十一歳になっていた。その回想録は、こう始まる。

「私は一六二八年一月十二日に双子として生まれた。私より数時間前に誕生した子どもはフランソワと名づけられたが、六か月後に亡くなった。私は特別徴税官の兄ピエールによってシャルルと名づけられ、兄は従姉妹《いとこ》のフランソワーズ・ペパンとともに私の代父をつとめた。母は苦労をして私に読み方を教えてくれた。その後私は八歳半で、コレージュ・ド・ボーヴェに入学した。私は兄たちと同じく、そこであらゆる勉強をした。私たち兄弟は、誰一人としてコレージュで鞭打ちの罰を受けることはなかった。

父は夕食後、私の勉強の復習を見てくれた。そしてこの勉強の内容を私にラテン語で言わせた。この方法は、勉強する者たちの精神を広げ、暗誦した作家たちの精神の内部にまで導くのに大変役立った。

私は低学年の時をのぞいて、いつもクラスでは上位だった。というのは、低学年の第六学級に入学した時には、まだよく読めなかったからだ」

この『回想録』は子どもたちをはじめとする親族に宛てられたもので、公表を目的としていなかったからペローは他人の目を気にせずに、彼の生きた幼少年時代、奔放であった青年時代、コルベールの補佐官として働いた壮年時代、コルベールの死とともに公的生活を終え、アカデミーの知識人として執筆と論争に明け暮れた晩年の想い出を自由に語っている。

文学・哲学に造詣が深く、精神分析医でもあったソリアノは、この『回想録』とその同時代人の証言をもとにして、ペローの〈心の自叙伝（psychobiographie）〉を辿り、彼の『民話集』の隠された意味を解き明かそうと試みた。

そして、彼がまず注目したのは『回想録』冒頭に語られた〈シャルルが双子であり、兄のフランソワが六か月で早逝した〉という事実である。

ペローには五人の兄と、一人または二人の姉妹がいたが、フランソワの死によって、四人の兄（と姉妹）を持つ末子となった。

ペロー家は、上昇志向が強く結束の固い典型的なブルジョワ家庭で、教育熱心で、ペローは父と母から、フランス語とラテン語の読み書きと話す力を鍛えられた。

家族の愛情につつまれたペローの幼少年期はたいへん恵まれたものだったが、精神分析研究者であるソリアノはそこから幾つかの問題点を摘出する。

それは、

①双子の兄フランソワの死が、家族の間で繰り返し語られたことで、ペローの心の深層に、〈自分が兄の死の原因であり、兄を死に追いやったのは自分ではないか〉という罪悪感と、〈家族の間で次第に理想化されていく兄に比べて、自分が劣った存在である〉という劣等感、〈兄を殺した自分は家族から疎《うと》まれている〉という疎外感が生み出され、それに対する反撃・抵抗・報復という補償の欲求が生まれたこと。

②父と母、とくに父親によってラテン語の学習状況をチェックされたことによって、父親を自らの心の内に踏み込んで〈検閲〉を行う〈抑圧者〉として捉えたこと。

③就学年齢が遅れ、初期の学習が低迷したのは、ペローが末子であり母親の干渉がすぎたこと

が原因だと考えたこと。
④双子として生まれながら兄（パートナー）を早く失った喪失感によって、以後つねにパートナーを求める欲求を植えつけられたこと。
という四つの心の傷（トラウマ）が、生涯を通じてペローの心の深層に住みつくことになったという仮説である。

この四つの心の傷は、『ペロー民話集』に収められた十一話の選択や、選ばれた各話のモチーフ構成や構造、場合によっては話のタイトルにまで影響を及ぼすことになる。

たとえば「妖精たち」や「サンドリヨン」の主人公は継子で、継母の実の娘（あるいは姉たち）に比べて不当に貶められている。また「長靴をはいた猫」の主人公は三人兄弟の末っ子で父親の形見に〈役立たずの猫〉しかもらえない。同じように七人兄弟の末っ子である「親指小僧」の主人公は、兄たち（とくに長男）に比べて身体が小さくて言葉もうまく話せない。

このようにハンディキャップを背負ったヒロインやヒーローたちは、〈生き残った双子の片割れ〉というペロー自身の心象風景を映してはいないだろうか。

また「ロバの皮」のヒロインの父親は、娘に結婚を迫る暴君である。「青ひげ」の主人公は女性に深い疑惑を抱いた殺人者であり、「赤ずきん」の狼は娘を食い殺す父親である。その一方で、「妖精たち」や「サンドリヨン」の父親は継母の言いなりで、苦境にいる娘に救いの手を伸べることもできず、父親＝男性の機能を失っている。

彼らは〈検閲〉の機能を乱用しているか、まったく放棄した存在で、父親としての機能を果たしていない。「親指小僧」の人食い鬼に至っては、御馳走（主人公とその兄弟）と間違えて自分の娘たちの喉を切り裂いてしまうのである。

こうしたバランスを欠いた父親に対して母親はどうかといえば、「妖精たち」や「サンドリヨン」の継母はともかく、「赤ずきん」の母親は娘を危険な森に使いにやり、狼の餌食にしてしまうし、「眠れる森の美女」の両親（父と母）も娘の危険を知りながら、娘を一人残して城を留守にしてしまい、「長靴をはいた猫」の父母は、末の息子の生活手段を奪うなど、やはりバランスを欠いている。

実際のペローの父親のピエール・ペローと母親のパケット・ルクレールは教育熱心で穏やかな人格者だと思われるが、子どものペローには〈早逝した兄を偏愛し、自分を不当に扱う暴君であり継母〉であると映った可能性はある。

四番目の〈パートナーを求める性向〉に関して言えば、思春期のペローは、まずボーランという友人とともにボーヴェ学院をとび出し、二人で自宅の一室に籠ってラテン語の勉強に励んだし、クロードをはじめとする四人の兄弟と一体化して、ビュルレスクの作品の創作に没頭し、青年期になると次兄ピエールの補佐官として働き、壮年期にヴェルサイユに職場を得てからはクロードとルーヴルやヴェルサイユの建設計画を策定し、ともにアカデミーの会員となっている。

そして、このパートナーとの一体化傾向は、『ペロー民話集』の作者探しという文学史上の難問にも関わってくる。

晩年を迎えた父シャルル・ペローは、三男のピエール・ダルマンクールに、一六九五年版の手稿本『がちょうおばさんの話』と一六九七年版の『民話集（民話とその教訓）』にルイ十四世の姪であったシャルロット・ドルレアン宛の献辞を書かせている。

『ペロー民話集（*Contes de Perrault*）』の作者は誰か？

父のシャルルなのか、息子のピエールなのか？

この作者特定問題を巡っては現在も論争が絶えないが、完全に説得的な答えを出すことは難しい。しかし、ここでソリアノが示した答えは、最も説得力を備えているように思われる。

ソリアノは、多くの論者と同様に〈『ペロー民話集』のように、洗練された大人の知恵に満ち、随所に円熟した宮廷人の顔がのぞく物語を、当時十七歳（あるいは十九歳）の未熟な少年が書くことは難しい〉と考える。しかし、物語の成立にピエールが関わった可能性は高いと推測する。

ソリアノによれば、宮廷とその文芸を知り尽くしたペローは、なおそのパートナーとして息子ピエール（双子の兄フランソワのダミー）を必要としたのである。

息子ピエールとその兄弟は、父ペローとともに〈がちょうおばさん〉の語りを聞き、ピエールはそれをノートに書き留めていた。一六九一年の韻文詩「グリゼリディス」の朗読とその成功に気をよくしたペローは、『民話集』執筆の構想を抱き、ピエールのノートを覗き見たのだ。そして、そこに書き留められた〈がちょうおばさんの話〉の中から、自分の性向に合った、都合のよい話を選び出し、一六九五年に『がちょうおばさんの話』の手稿本を作製し、息子ピエールの名前でシャルロット・ドルレアンに献上したのである。

しかし、かわいそうなのは息子ピエールで、父親に大切なノートを覗き見られて『民話集』を編纂され、勝手に自分の名前を使って王女に献上されてしまう。この父親の暴挙（検閲・抑圧）に押しつぶされて、一六九七年に些細な経緯から殺人事件を犯し、一七〇〇年に戦場で命を落とすことになる。

確かに、このソリアノの推測は興味深い。これで『ペロー民話集』の十一話という限られた話の中に、継子譚（継子＝ヒロインが虐げられる話）、末子成功譚（蔑まれていた末子のヒーローが成功する話）、暴君（支配者＝王様・殿様）の話、無能な父親や母親の話が優先して選ばれた理由が分かる。ペローは、ピエールのノートに記された多数の話の中から自らの性向にあった話を選び取り、自己のトラウマの解消に都合のよいように再話したのである。これで、作者問題の謎が解決し、難題は克服される。

このソリアノの推理は見事であり、名探偵も顔負けである。

しかし、すべての探偵小説がそうであるように、これは名探偵の推理に基づく〈都合のよい物語（仮説）〉にすぎない。

そしてこれは無意識と対峙する精神分析学者の宿命である。自らの心の物語であれ他者の心の物語であれ、深層の〈無意識〉とは〈意識することが不可能な意識〉であって、〈不可知〉であり、フロイトをはじめどのような名医の診断も仮説の域を超えることは定義上不可能である。

ソリアノの仮説は大変よく出来ているが、もしかするとその仮説はソリアノ自身の〈心の自叙伝（psychobiographie）〉の反映にすぎないのかもしれないのだ。

事実、ソリアノと天才ヴァイオリニストであった姉（ドニーズ）との物語は、きわめて複雑であり、興味深い。そしてソリアノ自身も、生涯の最後にあたって、姉とユダヤ人であった彼女の危機をナチスの手から守ったジュール・ブーシュリ（ドニーズの師であり夫）の物語（『ヴァイオリンの秘密』一九九三）を執筆することになった。この『ヴァイオリンの秘密』は、ペローの『回想録』と同じ役割を果たしているのではないだろうか。

精神分析医ソリアノによるペローの心の深層と作品の謎の解明は見事だが、実は医師ソリアノによる自らの心の深層の解明にすぎないのかもしれないのである。

あとがき

本書は、二〇一一年に春風社から刊行された『民話の森の歩きかた』に新たに第Ⅷ章「マルク・ソリアノのシャルル・ペロー研究」を加えたものである。

旧版の七つの章では、「シンデレラ」「赤ずきん」「青ひげ」「長靴をはいた猫」「眠れる森の美女」というシャルル・ペローの五つの作品を素材として、①民話の国際比較、②構造研究、③精神分析、④文芸学的研究という民話研究の四つの方法を具体的に紹介するよう試みた。

これに対して第Ⅷ章のマルク・ソリアノの研究は、方法論的にはポール・ドラリュの『フランス民話カタログ』に依拠し、話型比較の立場に立ちながら、分析の対象をシャルル・ペローとフランスの民話に絞り、その『民話集』(*Histoires ou Contes du temps passé*)をフランスとその文学の歴史(特に十七世紀フランス文学の歴史)のなかに解き放ち、作家としてのペローが果たした役割を解明することによって、従来の民話研究とは異なる方向に向かったと言える。

ソリアノは、ペローの作家としての役割を解明することで、〈民話の再話者〉としてのペローの役割を明らかにした。これは、民話の〈伝承〉という民俗学の根本にかかわる問題であり、いわばタブーに触れる行為である。『ペロー民話集』から百年以上たった一八一四年にヴィルヘルム・グリムが、その『童話集』第二巻の序文で、優れた語り手であるドロテア・フィーメンニンが「いくど同じ話をしても、どんなに正確であるか」を語って以来、民話研究者は、民話は優れた語り手によって語り継がれ、変化することなく正確に伝承されるという〈伝承に対する信頼〉に基づいて調査と記録と研究を続けてきたのだが、ペローは、「赤ずきん」のヒロインに赤いずきんを纏《まと》わせ、青ひげの髭を青くして、猫に長靴をはかせることで、それ以降の語り（伝承）を変えてしまったのである。

文学と出会うことで口伝えの話が影響を受けることは、考えてみれば当たり前のことで、フランスに限らず、いつでもどこでも多くみられる。日本でも『古事記』や『日本書紀』に収められた神話の数々は言うにおよばず、「桃太郎」や「猿蟹合戦」などの五大昔話も、語りは文字化によって大きな影響を受けている。

ソリアノは、これまで民話研究者がタブーとして避けてきた、こうした文学（書承）と語り（口承）の関係に踏み込んだだけでなく、再話された作品を文学として批評し、ペローの再話を数ある民話の分岐点の一つに組み込み、その歴史的な役割を明らかにしたのである。

たとえば、「赤ずきん」の場合は、ペローを分岐点として、①一六九七年に誕生したペローの話の影響を受け入れて、ヒロインが〈赤いずきん〉をかぶり、森で狼に出会い、狼の甘言にのってお婆さんとともに食べられてしまう話、②ペローの話の影響を受けず、ヒロインが〈赤ずきん〉をかぶらないまま、狼に食べられてしまう話、③ペローの影響を受け、ヒロインは〈赤ずきん〉

をつけているが、その他は独自の展開をたどる話という三つのタイプに、まず分かれる。そして、十九世紀に入ってグリム版の「赤ずきん」が登場すると、ペローの影響を受け〈赤ずきん〉をつけたヒロインが狼に食べられるが〈通りかかった狩人が赤ずきんとお婆さんを救出する〉という四つ目のタイプが有力になる。

しかし、もちろん問題はこれだけでは終わらない。実は、ペローの話の影響を受けて〈赤ずきん〉をつけたヒロインが、狼に食べられそうになるが、知恵を働かせて危機を脱するという〈脱出タイプ〉の話がフランス各地に存在する。そして、この〈脱出タイプ〉は、フランスだけでなく世界中に存在し、ヒロイン（やヒーロー）をピンチに陥れる加害者は〈狼〉とは限らず、東アジアでは〈虎〉や〈山姥〉が有力なのである。

こうしてみると、ペローやグリムは、話の分岐点に立つ有力な作家（再話者）であり、新しい口伝えの語りの出発点であると考えられる。そして話を自在に変える優れた創造的な語り手は、作家にかぎらず、実は口伝えの語り手の間にも数多く存在するので、民話は書承のレベルでも口承のレベルでもほとんど無数の分岐点を持つこととなる。

こうした分岐点を〈民話の発生〉の起点と考えれば、ソリアノの研究は、「赤ずきん」「青ひげ」「シンデレラ」「眠れる森の美女」「長靴をはいた猫」などの〈分岐点に立つ民話〉の発生論的研究（Etude Génétique du Folklore）と考えることができるかもしれない。

これが、果たして①民話の国際比較、②構造研究、③精神分析、④文芸学的研究につづく五つ目の研究法として位置づけられるか否かはともかく、マルク・ソリアノの『ペロー民話集――知識人の教養と民衆の伝承――』が、私たちの民話研究に豊かな視点を提供し、民話の森に新しい小径を拓いたことは間違いない。

最後になったが、本書の旧版の最初の読者として、さまざまの不備を指摘してくれた寺地了洋氏に、あらためて感謝したい。

参考文献

和文参考文献

〈資料集〉(ペロー、グリム、各国別)

ペロー『長靴をはいた猫』澁澤龍彦訳, 大和書房, 1973.

ペロー『長靴をはいたねこ　ペロー童話集』辻昶・寺田恕子訳, 旺文社, 1977.

ペロー『完訳ペロー童話集』新倉朗子訳, 岩波書店, 1982.

ペロー『完訳ペロー昔話集　眠れる森の美女』巖谷國士訳, 講談社, 1992.

ペロー『絵本ペロー昔話集』寺田恕子・樋口淳訳, 民話の森, 2023.

グリム『完訳　グリム童話集』金田鬼一訳, 岩波書店, 1979.

グリム『グリム兄弟(ドイツロマン派全集第15巻)』小沢俊夫他訳, 国書刊行会, 1989.

アンドルー・ラング『アンドルー・ラング世界童話集(全12巻)』西村醇子監修, 東京創元社, 2008.

小澤俊夫編『世界の民話(全37巻)』ぎょうせい, 1976–1986.

ジェイコブズ『イギリス民話選ジャックと豆のつる』木下順二訳, 岩波書店, 1967.

カルヴィーノ『イタリア民話集』河島英昭訳, 岩波書店, 1984.

バジーレ『ペンタメローネ』杉山洋子・三宅忠明訳, 大修館書店, 1995.

ストラパローラ『愉しき夜』長野徹訳, 平凡社, 2016.

アシル・ミリアン／ポール・ドラリュ『フランスの昔話』新倉朗子訳, 大修館書店, 1988.

田辺貞之助編『ふらんす民話大観』青蛙房, 1970.

樋口淳・樋口仁枝編訳『フランス民話の世界』白水社, 1989.

樋口淳・樋口仁枝編訳『シャルル・ペローとフランスの民話』民話の森, 2023.

アファナーシエフ『ロシア民話集』中村喜和訳, 岩波書店, 1987.

段成式『酉陽雑俎(全5巻)』今村与志雄訳, 平凡社, 1980-1981.

〈タイプインデクス・事典〉

関敬吾他『日本昔話大成(全12巻)』角川書店, 1978–1980.

崔仁鶴『韓国昔話の研究――その理論とタイプインデックス』弘文堂, 1976.

日本民話の会編『ガイドブック世界の民話』講談社, 1988.

日本民話の会編『ガイドブック日本の民話』講談社，1991.

三原幸久他編『日本昔話事典』弘文堂，1977.

〈**研究書・その他**〉

アラン・ダンダス『民話の構造——アメリカ・インディアンの民話の形態論』池上嘉彦他訳，大修館書店，1980.

アラン・ダンダス編『シンデレラ——9世紀の中国から現代のディズニーまで』池上嘉彦他訳，紀伊国屋書店，1991.

アラン・ダンダス編『赤ずきんの秘密——民俗学的アプローチ』池上嘉彦他訳，紀伊国屋書店，1994.

アンティ・アールネ『昔話の比較研究』関敬吾訳，岩崎美術社，1969.

池上嘉彦『ことばの詩学』岩波書店，1982.

ヴィクトール・フランクル『夜と霧』霜山徳爾訳，みすず書房，1985.

ウイリアム・シェイクスピア『リア王』三神勲訳，河出書房新社，1962.

ウイリアム・シェイクスピア『ハムレット』福田恆存訳，新潮社，1985.

ウラジーミル・プロップ『魔法昔話の起源』斉藤君子訳，せりか書房，1983.

ウラジーミル・プロップ『ロシア昔話』斉藤君子訳，せりか書房，1986.

ウラジーミル・プロップ『昔話の形態学』北岡誠司他訳，白馬書房，1987.

エーリッヒ・フロム『夢の精神分析——忘れられた言語』外林大作訳，東京創元社，1952.

小澤俊夫『世界の民話——ひとと動物との婚姻譚』中央公論，1979.

小澤俊夫『昔話とはなにか』大和書房，1983.

河合隼雄『昔話の深層』福音館書店，1977.

河合隼雄『昔話と日本人の心』岩波書店，1982.

私市保彦『ネモ船長と青ひげ』晶文社，1978.

ジギスムント・フロイト「小箱選びのモチーフ」『フロイト著作集3』高橋義孝訳，人文書院，1969.

ジギスムント・フロイト「トーテムとタブー」『フロイト著作集3』西田越郎訳，人文書院，1969.

ジャック・ザイプス『赤頭巾ちゃんは森を抜けて——社会文化学からみた再話の変遷』廉岡糸子他訳，阿吽社，1990.

ジョルジュ・バターユ『ジル・ド・レ論——悪の論理』伊東守男訳，二見書房，1966.

スティス・トンプソン『民間説話――理論と展開』荒木博之・石原綏代訳，社会思想社，1977.

ハインツ・レレケ他『現代に生きるグリム』岩波書店，1985.

樋口淳文・片山健絵『あかずきん』ほるぷ出版，1992.

樋口淳・高橋八十八編著『越後・松代の民話』国土社，1987.

フリードリッヒ・ライエン『メルヘン』山室静訳，岩崎美術社，1971.

ブルーノ・ベッテルハイム『昔話の魔力』波多野完治・乾侑美子訳，評論社，1978.

マックス・リュティ『ヨーロッパの昔話』小沢俊夫訳，岩崎美術社，1969.

マックス・リューティ『昔話の本質』野村泫訳，福音館書店，1974.

マリア・タタール『グリム童話――その隠されたメッセージ』鈴木晶他訳，新曜社，1990.

ミッシェル・シモンセン『フランスの民話』樋口淳・樋口仁枝訳，白水社，1987.

南方熊楠『星文館版・南方随筆』荻原星文館，1943.

ヨハン・ホイジンガ『中世の秋』堀越孝一訳，中央公論社，1967.

ルイ・マラン『語りは罠』鎌田博夫訳，法政大学出版局，1996.

ロバート・ダーントン『猫の大虐殺』鷲見洋一他訳，岩波書店，1986.

山口昌男『アフリカの神話的世界』岩波書店，1971.

山口昌男『歴史・祝祭・神話』中央公論社，1974.

山室静『世界のシンデレラ物語』新潮社，1979.

欧文参考文献

Antti AARNE, *Verzeichnis der Märchentypen*, in *FF Communications* No. 3, Helsinki, 1910.

Antti AARNE & Stith THOMPSON, *The Types of the Folktale*, in *FF Communications* No. 184, Helsinki, 1961.

David BRAUNS, *Japanische Märchen und Sagen*, Verlag von Wilhelm Friedrich, Leipzig, 1885.

Marian Roalfe COX, *Cinderella: Three Hundred and Forty-five Variants of Cinderella, Catskin and Cap O'rushes*, Kessinger Publishing, Whitefish, 2007.

Communication no. 4 et no. 8, Seuil, 1964 et 1966.

Paul DELARUE, *Catalogue raisonné du conte populaire français T1*, Erasme, Paris, 1957.

Paul DELARUE et Marie-Louise TENESE, *Catalogue raisonné du conte populaire français T2*,

Maison Neuve et Larose, Paris, 1964.

Paul DELARUE et Marie-Louise TENESE, *Catalogue raisonné du conte populaire français T1*, Maison Neuve et Larose, Paris, 1976.

PauI DELARUE, *Les Contes merveilleux de Perrault et la tradition populaire*, in *Bulletin folklorique de l'I1e-de-Fnance*, 1956-1963.

Andrew LANG, *The Fairy Tales Book Series*, Longmans, Green and Co., London, 1919.

Claude LEVI-STRAUSSE, *La structure et la forme, Réflexions sur un ouvrage de Vladimir Propp*, Cahiers de l'Istitut de Science économique appliquée, Série M. No. 7, mars 1960.

Louis MARIN, *Le récit est un piège*, Editions de Minuit, Paris, 1978.

Geneviève MASSIGNON, *De Bouche à Oreilles*, Berger-Levrault, Paris, 1983.

Max MULLER, *Comparative Mythology: An Essay*, Oxford Essays, London, 1856.

Consiglieri PEDROSO, *Portuguese Folktales*, Folk Lore Society, London, 1882.

Vladimir PROPP, *Morphologie du conte*, Editions du Seuil, Paris, 1970.

Anna Birgitta ROUTH, *The Cinderella Cycle*, Gleeup, Lund, Sweden, 1951.

Paul SEBILLOT, *Littérature orale de la Haute-Bretagne*, Maison Neuve et Larose, Paris, 1967.

Claude SEIGNOLLE, *Contes Populaires de Guyenne*, Paris, 1946.

Giovanni Francesco STRAPAROLA, *Le piacevoli notti*, Salerno, 2000.

Giovanni Francesco STRAPAROLA, *The Facetious Nights of Straparola*, General Books, 2010.

Marc SORIANO, *Les Contes de Perrault, culture savante et traditions populaires*, Gallimard, Paris, collection «La Bibliothèque des idées», 1968.

Marc SORIANO, *Le Dossier Charles Perrault*, Hachette, Paris, 1972.

Stith THOMPSON, *Motif-index of folk-literature*, Indiana Universty Press, Bloomington, 1975.

Stith THOMPSON, *The Folktale*, the Dryden Press, New York, 1946.

【著者略歴】

樋口淳（ひぐち・あつし）
1968年に東京教育大学卒業後、ベルギー政府給費留学生としてルーヴァン大学に学び、1975年に帰国し専修大学に勤務。専修大学名誉教授。
著書に絵本『あかずきんちゃん』（ほるぷ出版・1992）、『民話の森の歩きかた』（春風社・2011）、『フランスをつくった王』（悠書館・2011）、『妖怪・神・異郷』（悠書館・2015）などがある。

民話の森叢書5　増補 民話の森の歩きかた　シャルル・ペローと歩く民話の森

発行日　2023年7月25日　初版第1刷発行

著者　樋口淳

装丁・組版　戸坂晴子
発行　民話の森
〒150-0047　東京都渋谷区神山町11-17-307
TEL 03-5790-9869 / 090-6037-4516

発売　株式会社国際文献社
〒162-0801　東京都新宿区山吹町358-5 アカデミーセンター
TEL 03-6824-9360

印刷・製本　株式会社国際文献社

ISBN978-4-910603-23-0 C0098
定価はカバーに表示してあります